Travailler avec des
malcommodes

Les Éditions Transcontinental
1100, boul. René-Lévesque Ouest, 24e étage
Montréal (Québec) H3B 4X9
Téléphone : 514 392-9000 ou 1 800 361-5479
www.livres.transcontinental.ca

Pour connaître nos autres titres, tapez **www.livres.transcontinental.ca**.
Pour bénéficier de nos tarifs spéciaux s appliquant aux bibliothèques d entreprise ou aux achats en
gros, informez-vous au **1 866 800-2500.**

**Catalogage avant publication de Bibliothèque et Archives nationales du Québec
et Bibliothèque et Archives Canada**

Lilley, Roy C.

Travailler avec des malcommodes : mettre au pas les agressifs, les plaignards, les tit-Jos connaissants,
les pessimistes, et autres personnages détestables qui minent votre quotidien
Traduction de : Dealing with difficult people.

ISBN 978-2-89472-472-9

1. Psychologie du travail. 2. Conflit interpersonnel. 3. Employés à problèmes. I. Titre.

HF5548.8.L49314 2010   650.1'3   C2010-940908-6

Traduction de l'anglais : Anne Confuron
Adaptation québécoise et révision linguistique : Diane Boucher
Correction : Sylvie Michelon
Mise en pages : Diane Marquette
Conception graphique de la couverture : Studio Andrée Robillard
Impression : Transcontinental Gagné

© Roy Lilley, 2002, 2006, 2010
Éditeur original : Kogan Page Limited (UK)
© Groupe Express Éditions, 2005, pour la traduction française

Imprimé au Canada
© Les Éditions Transcontinental
Dépôt légal – Bibliothèque et Archives nationales du Québec, 2e trimestre 2010
Bibliothèque et Archives Canada
2e impression, janvier 2011

Nous reconnaissons, pour nos activités d'édition, l'aide financière du gouvernement du
Canada par l'entremise du Programme d'aide au développement de l'industrie de l'édition
(PADIÉ). Nous remercions également la SODEC de son appui financier (programmes Aide
à l'édition et Aide à la promotion).

Les Éditions Transcontinental sont membres de l'Association nationale des éditeurs
de livres (ANEL).

Roy Lilley

Travailler
avec des
malcommodes

Les Éditions
Transcontinental

Table des matières

Quelques mots sur ce livre

Cet ouvrage n'est pas un livre à lire de la première à la dernière page. Ce n'est pas *Guerre et Paix,* même si, avec un peu de chance, il vous donnera quelques idées sur la manière d'être plus en paix qu'en guerre avec les autres.

Cet ouvrage est un livre à feuilleter, dans lequel vous chercherez la personnalité ou la situation avec laquelle vous avez des problèmes, trouverez une solution, l'appliquerez et irez de l'avant. La vie est trop courte pour la passer à se disputer avec les autres.

Dans ces pages, vous pouvez gribouiller, en déchirer des bouts et faire tout ce qui vous aurait valu une retenue à l'école ! C'est un livre qui donne des idées mais en aucun cas un livre de référence, un livre dans lequel butiner mais pas un livre dans lequel se plonger.

C'est un livre que vous pouvez utiliser pour améliorer vos propres résultats, ou encore comme une source d'idées pour travailler en groupe et améliorer les résultats de votre équipe.

Si rien de ce qui précède ne réussit, c'est un livre suffisamment lourd pour être jeté à la tête de quelqu'un qui se montre vraiment malcommode, et ce, sans courir le risque de lui faire vraiment mal.

Si vous êtes inexpérimenté, les gens malcommodes peuvent vous empoisonner la vie, gâcher votre paysage et donner à votre travail en commun un goût amer. Ce livre a été conçu pour vous aider à aimer les gens malcommodes. Une fois que vous avez trouvé la clé, vous pouvez leur ouvrir la porte, les influencer, même les faire travailler pour vous, et ils ne le remarqueront jamais.

Qu'allez-vous trouver d'autre ?

 P E N S E Z - Y !
Quand vous voyez l'ampoule allumée, il est temps de réfléchir à une idée, à une nouvelle approche, ou d'accepter d'essayer quelque chose de différent.

 A T T E N T I O N
Un panneau de danger désigne pour la personne inexpérimentée les pièges et les problèmes, autrement dit : « Attention, faites-le correctement, sinon vous aurez des ennuis ! »

 A S T U C E
La binette vous présente de bonnes idées, des raccourcis et des façons de se frayer un chemin dans la jungle, parmi les difficultés.

 P A U S E
La tasse de café signifie que le moment est venu de lire attentivement, alors installez-vous confortablement. Ou encore, cela peut signifier : ça suffit, faites une pause ! »

TRAVAILLER AVEC DES MALCOMMODES

Première règle :

Une personne malcommode en tant que telle n'existe pas ; c'est juste une personne avec laquelle nous devons apprendre à composer.

Deuxième règle :

Relisez la première règle.

1

Un bref aperçu des relations humaines

Ce livre est consacré à la façon de gérer des personnes malcommodes. Il ne s'agit pas de situations ou de problèmes difficiles : nous nous intéressons aux personnes. Les gens malcommodes vous donneront certainement du fil à retordre, en plus de vous mettre dans des situations pénibles avec des problèmes délicats à surmonter. Cependant, au-delà de tout cela, vous êtes face à des êtres humains. En comprenant les gens, la façon dont ils fonctionnent, ce qu'ils pensent et pourquoi ils agissent comme ils le font, nous pouvons éviter les situations pénibles et surmonter les problèmes délicats.

Les phrases de sept mots les plus importantes :
« Je l'admets, je me suis trompé. »
« Vous avez vraiment fait du bon travail. »

Les phrases de cinq mots ou moins les plus importantes :
« Qu'en pensez-vous ? »
« Cela vous ennuie-t-il ? »

Les mots les plus importants :
« Merci. »
« Nous. »

Le mot le moins important :
« Je. »

Si nous plantons quelques graines et que les fleurs ne poussent pas, il ne sert à rien de critiquer les fleurs. Le problème peut venir du sol, de l'engrais ou d'un manque d'eau, qui sait ? Nous devons tout simplement trouver l'origine du problème et le régler.

Si nous avons des problèmes avec nos familles, les gens avec lesquels nous travaillons ou nos amis, à quoi sert de s'en prendre à eux ? Trouvez la raison du problème et réglez-le.

Malcommode, moi ?

Oui, vous ! Avant de penser à gérer des gens malcommodes, commençons par vous. Avez-vous une personnalité difficile ? Êtes-vous celui qui ne s'entend pas avec les autres ? Est-ce vous, le problème ?

Voici une mauvaise nouvelle pour vous : les gens agréables ne sont pas toujours comme vous ! Oui, je sais, le monde serait beaucoup plus facile si tout le monde était comme vous, mais ce n'est pas le cas. Chacun a sa propre histoire, sa propre éducation, ses points de vue et ses ambitions, ses propres motivations et sa façon de penser. Et, oui, tout en étant différents, les gens peuvent quand même être agréables !

 A T T E N T I O N

Il y a des chances que les gens réellement malcommodes soient égoïstes et centrés sur eux-mêmes, qu'ils se moquent complètement de vous, qu'il n'y ait qu'eux qui comptent. Ne les laissez pas vous empoisonner la vie.

Lorsqu'il s'agit de gérer des gens malcommodes, la règle numéro un est la suivante :

Ne vous sentez pas responsable.

D'accord, mais que faut-il faire, alors ? Posez-vous cette question :

• Qu'est-ce que je veux obtenir de cette rencontre ?

Décidez à l'avance :

• Quel est le motif de la rencontre ?

• Quels sont les résultats les plus importants que vous voulez en tirer ?

• Avez-vous besoin de changer votre comportement pour obtenir le maximum de cette rencontre ?

Cela ne veut pas dire que vous devez laisser un impoli vous fouler aux pieds. Mais cela veut dire que vous ne prenez pas part à une lutte à couteaux tirés.

 A S T U C E

Quelqu'un s'est montré impoli avec vous ? Essayez cela : « Je ne suis pas tout à fait sûr de comprendre votre remarque. Voudriez-vous me l'expliquer, s'il vous plaît ? » Après une telle question, habituellement, le ton change. N'en oubliez pas pour autant de dire « S'il vous plaît » !

Cela peut être un véritable choc de l'apprendre, mais peu de personnes se soucient réellement de vous. Il y a votre mère – elle vous aime toujours, probablement –, votre famille, vos collègues et quelques amis, peut-être. Mais, en cas de catastrophe, vous êtes seul.

La manière dont nous nous traitons les uns les autres vient en grande partie de ce que nous ressentons les uns pour les autres. La plupart des gens sont au départ sans parti pris face aux autres. Certains sont hostiles, c'est vrai, mais le fait est que la majorité ne se soucie absolument pas d'autrui.

 P E N S E Z - Y !

La simple vérité, c'est qu'ils se moquent complètement de vous.

Et il y a pire. Non seulement les gens malcommodes ne s'intéressent pas à vous, mais ils ne se préoccupent que d'eux-mêmes; ils sont refermés sur eux-mêmes, et c'est de là que vient le problème.

Que pouvons-nous faire? La réponse, brutale, est: pas grand-chose! Il y a peu de chances que vous arriviez à les changer. Mais en en fait, pourquoi se tracasser alors qu'il y a une façon de faire beaucoup plus facile?

Car n'oubliez pas: les gens malcommodes sont prévisibles.

Ce principe tout simple vous rendra la vie beaucoup plus facile. Combien de fois avez-vous entendu quelqu'un dire: « Oh, ne t'occupe pas de lui, c'est un trouble-fête », ou « Oh là là, il vaut mieux ne rien lui demander, elle trouve à redire sur tout ».

Vous voyez, les gens malcommodes ne le sont pas uniquement avec vous. Ils sont centrés sur eux-mêmes et malcommodes avec tout le monde… ce qui est prévisible est facile. En effet, vous pouvez vous préparer à affronter les gens malcommodes, vous pouvez planifier, comploter, conspirer et vous regrouper contre eux. Comme ils sont figés sur place, tout ce que vous avez à faire, c'est manœuvrer.

Cela ne signifie pas devenir le dupe de service ou de tout accepter, mais plutôt que vous devez utiliser davantage votre cerveau que vos émotions. L'astuce est de déterminer à l'avance ce que vous voulez obtenir de la rencontre, d'agir en conséquence et de vous lancer.

 A S T U C E

Évitez la dispute. Si vous pouvez, ne discutez pas. Apaisez une discussion en cherchant l'aide d'une personne plus haut placée et neutre. Un règlement, un protocole, un mode d'emploi ou le règlement intérieur de l'entreprise peuvent apporter une réponse. Ne vous impliquez pas personnellement.

- Si vous savez que quelqu'un est tatillon et pointilleux, donnez-lui des détails : « Dans le rapport, j'ai inclus tous les éléments du contexte auxquels j'ai pu penser, y compris les tableaux pour quatre scénarios. Dites-moi s'il vous faut autre chose. »

- Si quelqu'un se montre brusque, allez directement à l'essentiel, évitez le bavardage inutile et plongez tout de suite au cœur de la question : « Je sais que vous êtes très occupé, j'irai donc droit au but. Que pensez-vous de cette nouvelle phase de développement ? »

- Si quelqu'un est égotiste, dites-lui tout le bien que vous pensez de lui : « Jeanne, je sais que vous êtes l'experte en la matière, alors j'ai rassemblé tous les détails et j'ai fait quelques recommandations. Mais est-ce que je peux vous laisser regarder si d'autres propositions vous semblent mieux adaptées ? »

La stratégie est facile. Vous ne changerez pas une personne malcommode en vous montrant malcommode vous-même. Elle ne se soucie pas de vous, elle ne se préoccupe que d'elle-même. En décidant ce que vous voulez obtenir de la rencontre et en étant prêt à manœuvrer, à corriger le tir, à esquiver, à changer, vous finirez par gagner. Vous aurez ce que vous voulez.

Cette façon de faire est tellement simple que vous finirez par souhaiter que tout le monde soit malcommode – parce que les personnes malcommodes sont les plus faciles à gérer !

2

Les 7 grandes catégories
de personnalités malcommodes
– ou comment avoir l'air d'un expert
dans le temps de le dire

 P A U S E

Trop occupé pour lire tout le livre maintenant ? Très bien. Ne lisez que les quelques pages qui suivent. C'est tout ce dont vous avez besoin pour l'instant. Vous deviendrez un véritable expert !

Vous reconnaissez quelqu'un ?

Il y a sept types de personnalité de base qu'on peut qualifier de malcommodes. Plus loin dans le livre, je traite de plusieurs sous-catégories, qui sont en fait des dérivés des sept pécheurs capitaux. Voici un petit guide pour vous aider à devenir un expert.

S'ils sont hostiles, agressifs, querelleurs, déplaisants

Que voilà des types charmants : occupons-nous-en tout de suite. Ces acrimonieux individus peuvent être effrayants, inquiétants et carrément terrifiants. Ce sont souvent des gens contrôlants et des tyrans.

En 1988, Robert Bramson, un spécialiste américain en gestion, a rendu la chose encore plus compliquée en identifiant **trois types de gens agressifs** :

- le char d'assaut ;

- le tireur isolé ;

- la bombe à retardement.

Ces trois types de gens agressifs sont horribles, chacun à leur manière. Et chacun doit être géré avec une approche légèrement différente. Le char d'assaut, le tireur isolé et la bombe à retardement sont des métaphores tellement révélatrices qu'elles se suffisent presque à elles-mêmes.

Voici le conseil de Robert Bramson au sujet du char d'assaut :

> *Ce terme représente exactement ce que fait une personne hostile. Les chars d'assaut se manifestent en attaquant. Ils sont grossiers, brusques, intimidants et écrasants. Ils critiquent les comportements individuels et les caractéristiques individuelles. Ils vous bombardent d'un flot incessant de critiques et s'engagent dans de continuelles disputes. Ils atteignent habituellement leurs objectifs à court terme, mais au prix d'amitiés perdues et de l'érosion à long terme de leurs relations.*

> *Ces gens-là ont un très fort besoin de se prouver à eux-mêmes et de démontrer aux autres que leur perception du monde est la bonne. Ils pensent savoir comment les autres devraient agir et ils ne craignent pas de le leur dire. Les chars d'assaut valorisent l'agressivité et la confiance en soi. Cette conviction les amène à mépriser les individus qui, selon eux, n'ont pas ces qualités.*

> *La conviction de base de ces personnes est la suivante : « Si je peux faire en sorte que vous apparaissiez faible, hésitant ou indécis, alors je semblerai fort et sûr de moi aux yeux des autres et à mes propres yeux[1]. »*

Maintenant, au tour du tireur isolé. Les tireurs isolés ne ressemblent pas le moins du monde aux chars d'assaut, mais ils sont tout aussi dangereux. Voyons comment Robert Bramson saisit les choses :

Les tireurs isolés préfèrent une approche plus abritée. Ils mettent en avant une façade de gentillesse derrière laquelle ils se dissimulent pour attaquer au hasard, faire des insinuations, taquiner de façon mesquine et lancer des piques peu subtiles. Ils utilisent les contraintes sociales pour se créer une place protégée d'où ils assaillent ceux qui font l'objet de leur colère ou de leur envie.

Les tireurs isolés lancent leurs bombes verbales sur un ton badin et amical. Cela crée une situation où toute représaille à leur endroit peut être considérée comme un acte d'agression, comme si c'est vous qui attaquiez.

Tout comme les chars d'assaut, les tireurs isolés croient que si les autres paraissent mal, eux paraîtront bien. Ils sont également convaincus de savoir ce que les autres devraient faire, mais leurs continuelles remarques cinglantes démotivent leurs collègues au lieu de produire des résultats positifs[2].

Venons-en aux bombes à retardement. Celles-ci se caractérisent par des attaques de fureur qui semblent à peine contrôlées. Robert Bramson explique :

Ces crises de colère peuvent faire irruption au cours de conversations et de discussions qui semblent amicales. Habituellement, elles surviennent lorsque la bombe à retardement se sent physiquement ou psychologiquement menacée. Dans la plupart des cas, la réponse d'une bombe à retardement à une remarque perçue comme menaçante est d'abord la colère, suivie soit par les reproches, soit par les soupçons[3].

S'ils sont rouspéteurs, mécontents, grincheux

Les rouspéteurs se plaignent continuellement de tout mais semblent ne jamais agir pour changer quoi que ce soit. On dirait presque qu'ils aiment se plaindre.

Les rouspéteurs ne sont pas ceux qui ont de bonnes raisons de se plaindre et qui souhaitent trouver une solution au problème. Les rouspéteurs sont ceux qui trouvent à redire sur tout. Quelquefois, il arrive qu'ils aient de réels motifs de se plaindre, mais ils veulent rarement trouver un moyen d'arranger les choses.

Voici ce que mentionne Robert Bramson à leur sujet :

> *Les plaintes continuelles des rouspéteurs peuvent mettre sur la défensive les gens qui les entourent. Les rouspéteurs se voient comme impuissants, correspondant aux normes et parfaits. Ces convictions les obligent à transformer la résolution de problèmes, qui serait fort utile, en plaintes.*
>
> *Leur sentiment d'impuissance leur fait penser qu'ils ne peuvent rien changer et qu'il vaut donc mieux qu'ils se plaignent auprès de ceux qui peuvent faire quelque chose. Leur attitude normative leur donne l'impression de savoir comment les choses devraient être, et toute déviation génère des récriminations. Ces dernières sont pour le rouspéteur un moyen de confirmer qu'il ne contrôle pas ou qu'il n'est pas responsable de ce qui n'est pas fait correctement, réaffirmant son désir de perfectionnisme[4].*

PENSEZ-Y!

Étant donné que les rechigneurs et les récriminateurs sont convaincus de savoir comment les choses devraient être, pourriez-vous canaliser leur énergie pour leur permettre de changer les choses en ce qu'elles devraient être ? Il est important d'accepter l'idée que ce n'est pas parce que quelqu'un a certains traits de caractère qu'il n'est bon à rien. Gérer des gens malcommodes, c'est justement ça : les gérer et utiliser leurs talents. Une bonne gestion consiste à obtenir le meilleur de chacun.

S'ils sont silencieux, passifs, réservés

Une personne silencieuse et passive gère toute situation désagréable en se refermant. Demandez-lui ce qu'elle pense et vous serez payé en retour par un grognement (dans le genre de celui d'un adolescent…). Regardons de plus près le travail d'une psychologue industrielle spécialiste de la gestion organisationnelle, Brenda Kay Lewis-Ford, qui a écrit en 1993 :

> *Le passif utilise le silence comme une arme défensive, pour éviter de se révéler. Il évite ainsi toute réprimande [tout comme le ferait un adolescent !]. Par ailleurs, le silencieux recourt parfois au mutisme comme un moyen agressif, défensif, pour vous blesser en vous en interdisant d'accéder à lui. Dans certains cas, une personne passive peut se méfier des autres, ce qui explique son besoin de se taire. Quelquefois aussi, garder le silence est utilisé comme un moyen d'éviter sa réalité personnelle ; lorsque des mots sont prononcés, ils révèlent des pensées ou des craintes qui effraient la personne concernée. Il arrive que le silence soit employé pour cacher la peur ou une colère menaçante, ou encore un refus obstiné de coopérer.*

> *Ces personnes peuvent être excessivement difficiles à gérer du fait de la barrière de communication qu'elles érigent [comme le font certains adolescents !]. Dans la plupart des cas, elles ne seront pas très disposées à parler ouvertement. Lorsqu'elles le font, il peut y avoir des périodes de silence prolongé du fait d'un manque de confiance en elles et dans leur vie. Cela risque d'aboutir à une rupture de communication, ce qui conduit à une interaction improductive.*

> *Ceux qui affichent ce genre de comportement adoptent habituellement un langage non verbal bien spécifique : regarder fixement ou furieusement, froncer les sourcils ou croiser les bras dans une position inconfortable[5].*

PENSEZ-Y !

Oui, en effet, les blagues ci-dessus concernaient les adolescents… et les adolescentes ! Notez ce qu'a écrit Brenda Kay Lewis-Ford : « Le passif utilise le silence comme une arme défensive, pour éviter de se révéler. Il évite ainsi toute réprimande. » Peut-être que le moment est venu d'avoir une petite discussion familiale !

S'ils sont très arrangeants

Les personnes très (trop !) arrangeantes sont toujours raisonnables, sincères et coopératives, mais elles ne tiennent pas toujours leurs promesses.

Les personnes très arrangeantes veulent être amies avec tout le monde et aiment attirer l'attention. Toutefois, elles ont un côté négatif : la tendance à vous donner de faux espoirs avec des allusions trompeuses et la mention de problèmes qui ont été soulevés. Elles accepteront volontiers vos plans pour accomplir la tâche en temps voulu mais vous laisseront tomber en n'étant pas à la hauteur.

Revenons à Robert Bramson, qui a pour nous une fine description écrite il y a plus de 20 ans :

> *Tout le monde a besoin d'être accepté et aimé des autres. Mais il y a un équilibre à trouver entre notre souci de bien faire un travail et de trouver notre place professionnelle, et le besoin raisonnable d'être aimé.*
>
> *Pour les personnes très arrangeantes, la balance est déséquilibrée, et elles ressentent un besoin presque désespéré d'être aimées de tous. Leur méthode consiste à dire des choses agréables à entendre. Elles utilisent aussi l'humour comme une façon de faciliter leurs échanges avec les autres.*
>
> *Ce genre de personnes malcommodes présente un problème lorsqu'elles vous amènent à penser qu'elles sont d'accord avec ce que vous proposez pour ensuite vous laisser tomber. Leur énorme besoin de donner et de recevoir des signes d'amitié peut se heurter aux*

aspects négatifs de la réalité. Plutôt que de perdre directement des amitiés ou l'approbation des autres, elles s'engagent dans des actions qu'elles ne pourront pas mener à terme[6].

 P E N S E Z - Y !
Un milieu de travail ne peut fonctionner sans alliances, sans relations. Un bon gestionnaire repère l'employé qui accepte plus de tâches qu'il ne peut en mener à terme. Toutefois, quand vous refusez de donner une tâche à une personne très arrangeante, à ses yeux, vous lui refusez votre amitié, vous la rejetez. Il y a un juste équilibre à trouver. Il est très facile de heurter les sensibilités, et la réalité est souvent le glacial antidote à la chaleur de l'amitié.

S'ils sont pessimistes, sceptiques, négatifs

Le pessimiste a une influence destructrice sur les groupes et peut être très démotivant pour les individus. Voici ce que mentionne à ce sujet un autre expert, le psychologue Bob Rosner (une personne que vous pouvez aussi citer pour ressembler à un expert !).

> *Le pessimiste est quelqu'un qui non seulement est en désaccord avec toutes les suggestions émises dans un groupe mais qui est aussi le premier à critiquer les avancées du groupe. Alors que ses critiques pourraient être considérées comme constructives, elles perturbent le déroulement du travail et peuvent avoir un effet négatif sur les relations interpersonnelles.*
>
> *Tout comme le pessimiste, le sceptique aime décrier et critiquer tout ce qui se dit sur le moment. Il perd sa crédibilité quand les gens saisissent que son négativisme est chronique.*
>
> *Derrière la personne considérée comme négative se cache quelqu'un qui vit difficilement un profond conflit intérieur. Cela vient habituellement de son sentiment de n'avoir aucun pouvoir sur sa propre vie.*
>
> *Le pessimiste est incapable de surmonter la moindre petite déception. Il croit que tout le monde peut comprendre et accepter l'immense déception qu'il éprouve envers l'humanité et ses imperfections.*

Mais si ces gens-là sont incroyablement aigris par rapport à la vie et la manière dont elle les traite, ils peuvent démontrer une grande implication concernant tout travail qui leur est confié. Toutefois, s'ils n'ont pas le contrôle absolu du projet, ce dernier échouera, parce qu'ils croient que personne ne peut gérer ou remplir une tâche comme ils le feraient[7].

 PENSEZ-Y!

Derrière toute cette négativité se cache une réelle aptitude à s'impliquer personnellement et à mener à bien les tâches sur lesquelles ces gens ont un contrôle absolu. Tout le monde a quelque chose à donner. Pouvez-vous vivre avec la pensée qu'il n'y a pas de mauvais employés, seulement des gestionnaires peu performants?

Si ce sont Monsieur et Madame je-sais-tout

Monsieur et Madame je-sais-tout ont un immense besoin d'être reconnus pour leurs capacités intellectuelles. Ils sont ennuyeux, ternes et assommants. Voici les réflexions de deux éminents experts dans le domaine du comportement humain.

Voyons d'abord ce qu'a à dire l'expert Raffenstein:

Les je-sais-tout peuvent provoquer des sentiments de colère, de ressentiment, parfois même de la violence chez les autres[8].

Attention, donc!

La seconde experte, Joann Keyton, professeure en communications à l'Université d'État de Caroline du Nord, a adopté une approche moins alarmiste lorsqu'elle a écrit, en 1999:

Le je-sais-tout peut souffrir d'un manque de confiance en lui ou se révéler incapable de participer au débat d'idées au niveau auquel il aimerait le faire. Prendre le temps d'écouter les discours sans fin d'un je-sais-tout peut conduire à une perte de temps lorsqu'il s'agit de terminer des tâches ou des projets[9].

Les je-sais-tout sont des gens très complexes qui sont parfois de véritables tyrans. Ils se montrent si certains d'avoir raison qu'il semble inutile de discuter ; ils peuvent être très convaincants. Ils aiment communiquer comme s'ils s'adressaient à un enfant, et c'est très agaçant !

Un autre type de je-sais-tout domine les conversations et aime être le centre de l'attention. Le problème est que s'il lit des coupures de presse sur un sujet donné, il se considérera comme un expert. D'ailleurs, certains je-sais-tout n'hésitent pas à maquiller tout déficit d'information ou de connaissance en inventant de nouveaux faits.

Notre ami Robert Bramson a écrit :

> *Le problème des je-sais-tout vient d'un besoin d'être considérés comme importants et d'être respectés par les autres. Habituellement, les gens qui sont confrontés à une situation qui implique un je-sais-tout vivent de la frustration. Cela crée fréquemment des tensions dans les relations professionnelles[10].*

 P E N S E Z - Y !
Y a-t-il un rôle adaptés aux je-sais-tout ? S'ils aiment le pouvoir que donne le savoir, la réponse est peut-être d'en faire de véritables experts. Envoyez-les suivre des formations.

S'ils sont indécis, hésitants, irrésolus

Derrière l'indécis se cache un perfectionniste qui essaie de se réaliser. Il semble qu'il n'y parvienne tout simplement pas. Selon Robert Bramson, ce type de personnalité se divise en deux catégories : les premiers veulent que les choses soient faites à leur façon ou pas du tout ; les seconds sont ceux qui, parfois, font traîner intentionnellement les discussions en formulant différents points de vue, ce qui finit par frustrer tout le monde.

L'indécis peut être quelqu'un qui ne sait pas très bien communiquer ce qu'il pense, ce dont il a besoin. Ou quelqu'un qui temporise parce qu'il est incapable de gérer quelque stress que ce soit.

Pour gérer le stress, l'indécis tergiverse, ce qui démobilise ses collègues et son entourage. Il essaie de gagner du temps parce qu'il n'arrive pas à envisager les différentes façons de faire le travail demandé. Ceux qui se trouvent au bout de la chaîne perdent alors leur enthousiasme envers le projet ou la personne ce qui, finalement, détruit la cohésion de l'équipe.

Même quand il réussit à éviter de prendre une décision, l'indécis typique se retrouve stressé par la tension qui s'accumule. Cela ne veut pas dire qu'il ne communique pas une décision ou un sentiment de manière indirecte. En fait, les indécis sont sans le savoir les maîtres du langage non verbal, du grognement et du grommellement, et même des regards.

Si l'indécis choisit de parler, il le fait au moyen de phrases courtes. Très souvent, cette information est ignorée ou écartée par ses collègues, déjà énervés par son manque de communication.

L'indécis est également sensible, et il peut retenir de l'information parce qu'il s'inquiète de la façon dont elle serait perçue par le groupe ou la personne à qui il la communiquerait. Si l'information n'est pas capitale, il pensera que son opinion ne compte pas et que quelqu'un d'autre gérera le conflit ou le problème qui l'inquiète.

 PENSEZ-Y!
Voici un défi pour vous : trouvez à l'indécis un rôle qui n'implique ni communication ni stress.

 PAUSE
Ainsi se conclut le petit guide des types de personnes malcommodes que vous pouvez être amené à rencontrer. Maintenant, vous êtes un expert. Faites-vous un autre café et mettons-nous au travail.

Faire appel aux experts est la voie la plus efficace pour arriver à gérer les gens malcommodes.

D'abord, établir le diagnostic

À quel type appartiennent-ils ? Brad McRae[11], auteur et conférencier, suggère **4 étapes** pour identifier à quel type appartient une personne :

1. Regardez et notez si vous avez observé ce comportement dans trois autres situations avec cette personne. Les deux premières fois, il pouvait s'agir de hasard, mais la troisième fois implique qu'il s'agit sûrement d'une habitude.

2. Notez si oui ou non cette personne est confrontée à beaucoup de stress ; le stress peut être à l'origine de ce comportement négatif, qui ne serait pas habituel.

3. Demandez-vous si vous avez souffert d'un stress exceptionnel. Le stress peut vous faire voir le monde autrement qu'il n'est en réalité.

4. Avez-vous eu une conversation d'adulte à adulte avec cette personne ? L'autre personne peut ou pas savoir que son comportement vous cause un problème ; lui parler peut éclaircir ce qui se révélera éventuellement être un simple malentendu.

Brad McRae mentionne :

> *La raison pour laquelle les gens se retrouvent dans des situations difficiles avec des gens malcommodes vient de ce qu'ils s'autorisent à devenir émotionnellement impliqués. Souvent, plus nous essayons de nous libérer de ces situations, plus nous sommes pris au piège, jusqu'à ce que certains d'entre nous craquent[12].*

Pourquoi nous retrouvons-nous piégés ou floués par les gens malcommodes ? Tournons-nous à nouveau vers Brad McRae : selon lui, chaque personne a des valeurs, des convictions qui guident ses comportements, partout dans la vie et spécialement dans les rencontres avec les autres. Chaque système de valeurs est spécifique à chaque individu.

Voici, selon Brad McRae, les **15 convictions intimes les plus courantes** :

1. Je dois être aimé ou accepté par tout le monde.

2. Je dois être parfait dans tout ce que je fais.

3. Tous les gens avec lesquels je travaille ou vis doivent être parfaits.

4. Je peux un peu contrôler ce qui m'arrive.

5. Il est plus facile d'éviter de faire face à des difficultés et à des responsabilités que de les affronter et les assumer.

6. Les désaccords et les conflits doivent être évités à tout prix.

7. Les gens, y compris moi-même, ne changent pas.

8. Certaines personnes sont toujours bonnes, d'autres toujours mauvaises.

9. Le monde devrait être parfait, et c'est terrible et catastrophique lorsqu'il ne l'est pas.

10. Les gens sont fragiles et ont besoin d'être protégés de la vérité.

11. Les autres existent pour me rendre heureux, et je ne peux pas l'être sans qu'ils ne m'aident à l'être.

12. Les crises sont invariablement destructrices, et rien de bon ne peut en sortir.

13. Quelque part, il y a l'emploi parfait, la solution idéale, le partenaire idéal, etc., et tout ce que je dois faire, c'est les rechercher.

14. Je ne devrais pas avoir de problème ; si j'en ai, cela signifie que je suis incompétent.

15. Il y a une seule et unique façon de considérer n'importe quelle situation, et c'est la bonne façon.

P A U S E

C'est l'heure de faire une autre pause. Prenez un moment pour réfléchir. Vous ne comprendrez pas les autres si vous ne vous comprenez pas vous-même. Quelles convictions énoncées par Brad McRae partagez-vous ?

Autocritiquez-vous et déterminez quelle valeur est, ou était, liée à une situation difficile dans laquelle vous vous êtes retrouvé. Maintenant, vous comprenez pourquoi vous étiez contrarié. Cette compréhension nouvelle vous conduit à mieux vous contrôler et à mieux maîtriser vos émotions.

Selon Brad McRae, si nous apprenons la première étape, c'est-à-dire nous maîtriser, alors nous avons de plus grandes chances de maîtriser les autres et les situations dans lesquelles nous nous retrouvons.

Robert Bramson[13] a dressé une liste de conseils concernant les sept catégories de personnalités malcommodes. La voici.

COMMENT RÉAGIR À :

CELUI QUI EST HOSTILE
(de type char d'assaut)

- Donnez-lui un peu de temps pour se calmer.
- Ne cherchez pas à être poli ; allez-y comme vous pouvez.
- Obtenez son attention, peut-être en l'appelant par son nom, ou en vous asseyant ou en restant debout délibérément.
- Le faire asseoir est une bonne idée.
- Maintenez le contact visuel.
- Exprimez vos propres opinions avec fermeté.
- Ne cherchez pas à le contredire ni à le dénigrer.
- Soyez prêt à vous montrer amical.

(de type tireur isolé)

- Débusquez-le. Ne vous laissez pas arrêter par les conventions sociales.
- Offrez-lui une autre possibilité que la guerre ouverte.
- Ne focalisez pas sur son seul point de vue ; soyez sûr d'impliquer tout le monde.
- Réagissez vite pour résoudre les problèmes qui surgissent.
- Prévenez les critiques en organisant des réunions régulières pour résoudre les problèmes.
- Si vous êtes témoin d'une situation avec un tireur isolé, n'y prenez pas part mais insistez pour que cela cesse immédiatement.

(de type bombe à retardement)

- Donnez-lui un peu de temps pour se calmer.
- S'il ne se calme pas, désamorcez la crise de colère avec une phrase neutre, comme : « Arrêtez. »
- Montrez-lui que vous le prenez au sérieux.
- Prenez si possible un moment avec lui, à part et en privé.

CELUI QUI EST ROUSPÉTEUR

- Écoutez attentivement ses griefs même si vous vous sentez coupable ou impatient.
- Montrez-lui que vous êtes attentif à ce qu'il vous dit en reformulant ses affirmations et en gardant pour vous ce que vous ressentez.
- Ne vous montrez pas d'accord avec ses propos si vous ne l'êtes pas ; n'excusez pas ses propos.
- Évitez les disputes de type accusation-défense-accusation.
- Notez les faits sans faire de commentaires.
- Essayez d'être en mode « résolution de problème » en posant des questions spécifiques, en fixant des tâches bien délimitées pour trouver des faits précis, ou en demandant que les plaintes soient consignées par écrit ; soyez sincère et apportez votre soutien.
- Si rien ne fonctionne, demandez-lui : « Comment voulez-vous terminer cette discussion ? »

CELUI QUI EST SILENCIEUX

- Plutôt que d'essayer d'interpréter la signification de son silence, tentez de le faire parler.
- Posez des questions ouvertes.
- Attendez la réponse aussi calmement que possible.
- Utilisez des questions de type thérapeutique pour l'aider à avancer.
- Ne meublez pas le silence en parlant.
- Prévoyez suffisamment de temps pour vous permettre d'attendre avec calme.
- Mettez-vous d'accord sur le temps dont vous disposez pour parler, ou énoncez clairement votre limite de temps.
- Si vous n'obtenez aucune réponse, commentez ce qui se passe. Terminez votre commentaire par une question ouverte.
- Attendez à nouveau le plus longtemps possible, puis commentez ce qui arrive et attendez encore. Essayez de garder la maîtrise de l'interaction en adoptant un ton neutre envers des réponses comme : « Est-ce que je peux y aller maintenant ? » ou « Je ne sais pas ».
- Lorsqu'il finit par parler, soyez attentif et maîtrisez vos réactions. Permettez-vous des digressions ; elles peuvent vous conduire à quelque chose de significatif et d'important. Si ce n'est pas le cas, affirmez votre propre besoin de revenir au sujet principal.
- S'il ne parle pas, évitez une fin de rencontre polie ; terminez la rencontre vous-même et prévoyez un autre rendez-vous. Informez-le de ce que vous avez l'intention de faire puisque la discussion n'a pas eu lieu.

CELUI QUI EST TRÈS ARRANGEANT

- Faites tous les efforts nécessaires pour faire ressortir les faits et problèmes sous-jacents qui empêchent la personne arrangeante de prendre les mesures nécessaires.
- Faites-lui savoir que vous l'appréciez en tant que personne en le lui disant directement, en lui posant des questions sur sa famille, ses loisirs, ses vêtements. Ne le faites que si vous le pensez... au moins un peu !
- Demandez-lui de vous parler de ce qui pourrait interférer dans votre bonne relation.

- Demandez-lui de mentionner tout aspect de votre produit ou service qui fait qu'il n'est pas le meilleur.
- Soyez prêt à faire des compromis et à négocier si un conflit est susceptible d'éclater.
- Écoutez son humour. Il peut y avoir des messages cachés dans ses quolibets ou taquineries.

CELUI QUI EST PESSIMISTE

- Soyez attentif au risque, pour vous et les autres dans votre groupe, de céder au désespoir.
- Faites des observations positives mais réalistes sur des problèmes similaires qui ont été résolus avec succès.
- N'essayez pas de discuter de son pessimisme.
- N'offrez pas vous-même de solution tant que le problème n'a pas été étudié attentivement et que vous ne savez pas ce dont il s'agit.
- Lorsqu'une autre solution est sérieusement envisagée, soulevez rapidement ce qui pourrait survenir de négatif si cette nouvelle solution était mise en place.
- À la fin, soyez prêt à entreprendre une action seul. Annoncez clairement votre plan.
- Évitez de susciter des réponses négatives de gens très analytiques en leur demandant d'agir avant qu'ils ne se sentent prêts.

MONSIEUR OU MADAME JE-SAIS-TOUT

- Assurez-vous que vous êtes bien préparé ; revoyez-en détail tous les documents et vérifiez qu'ils sont exacts.
- Écoutez attentivement, puis reformulez les principaux points des propositions, évitant ainsi d'inutiles explications supplémentaires.
- Évitez les affirmations catégoriques.
- Pour exprimer votre désaccord, allez-y doucement mais clairement ; soulevez les problèmes à l'aide de questions.
- Posez des questions approfondies lorsqu'il faut réexaminer les plans.

- En dernier ressort, choisissez d'adopter une position subalterne pour éviter de faire du surplace et pour, peut-être, construire une relation d'égalité dans le futur.

Lorsque le je-sais-tout ne menace pas ni ne tyrannise :

- Énoncez des faits justes ou les opinions qui diffèrent de celles du je-sais-tout aussi clairement que possible, et présentez-les comme étant votre perception de la réalité.
- Fournissez-lui un moyen de sauver son honneur.
- Soyez prêt à combler un vide dans la conversation.
- Si possible, affrontez-le lorsqu'il est seul.

CELUI QUI EST INDÉCIS

- Facilitez-lui les choses pour qu'il vous parle des conflits ou des réserves qui l'empêchent de prendre une décision.
- Écoutez les allusions, les hésitations et les omissions qui peuvent vous donner des indices concernant les problèmes.
- Lorsque vous avez réussi à faire préciser le problème, aidez-le à le résoudre par une prise de décision.
- Quelquefois, ses réserves vous concerneront. Si c'est le cas, reconnaissez les problèmes antérieurs et établissez les faits pertinents sans être sur la défensive. Proposez un plan et demandez de l'aide d'un tiers.
- Si vous ne faites pas partie du problème, concentrez-vous sur l'aide à apporter à l'indécis pour qu'il examine les faits. Servez-vous de ces faits pour proposer un ordre de priorité des solutions possibles. Cela lui rendra plus facile la tâche de dire non, s'il y a lieu.
- Si cela correspond à la réalité, insistez sur les avantages de votre proposition.
- Apportez votre soutien après que la décision semble avoir été prise.
- Si possible, gardez le contrôle sur les étapes des actions à entreprendre.
- Observez les signes de colère soudaine ou de retrait de la conversation. Si cela arrive, essayez de faire en sorte qu'ils ne soient pas présents lors de la prise de décision.

3

Comment repérer les conflits
et les gérer ?

De quel conflit s'agit-il ?

Voici la définition du mot conflit : rencontre d'éléments, de sentiments contraires, qui s'opposent ; lutte, combat ; antagonisme, opposition, discorde, tiraillement[14].

Ajoutez à cela l'incompatibilité et l'ingérence, et vous avez une image d'ensemble peu enthousiasmante.

Quelle que soit la manière dont le mot est défini, vous savez très bien le reconnaître lorsque vous y êtes confronté. Qu'est-ce qui est impliqué dans un conflit ou, si nous parlons dans le jargon des experts, quelle est la dynamique du conflit ?

Il y a **2 éléments essentiels** en présence :

1. les différences objectives entre les participants ;

2. les émotions et les perceptions.

Les gens réagissent au conflit de **5 façons** différentes :

1. Ils le repoussent : ils l'évitent, prétendent qu'il n'y en a pas et repoussent le fait de devoir le régler.

2. Ils le tolèrent : en général, cela veut dire qu'ils laissent l'autre faire comme il l'entend.

3. Ils trouvent un compromis : ils cherchent une solution gagnant-gagnant, où toutes les parties en présence renoncent à quelque chose pour arriver à un accord.

4. Ils continuent la lutte : lorsqu'une ou aucune des personnes impliquées n'est prête à céder du terrain, elles continuent à en découdre jusqu'à ce qu'elles finissent par lâcher.

5. Ils collaborent, c'est-à-dire qu'ils parviennent à une entente où les besoins de chaque partie sont pris en considération ; les besoins de chacun ne sont pas nécessairement totalement satisfaits, mais ils sont à tout le moins pris en compte.

La façon 5, la collaboration, est l'attitude idéale, mais la plus difficile à adopter. Il faut, pour y parvenir, de la patience et de la persévérance, en plus d'une bonne dose de transpiration !

 A S T U C E

Il est important de reconnaître tous les éléments du conflit : vous ne pouvez pas gérer les différences de façon froidement objective sans tenir compte des émotions qu'elles impliquent. Soyons clair : un conflit ne sera pas résolu efficacement si aucune place n'est accordée à l'expression des émotions.

C'est dans cet esprit qu'a été créée la Commission sud-africaine Vérité et Réconciliation et qu'existent les cercles de guérison autochtones.

4

Les patrons qui rendent fou

Le cerveau est un organe magnifique : il démarre dès que vous vous levez le matin et ne s'arrête pas jusqu'à ce que vous arriviez au bureau.

ROBERT FROST

Les gens obtiennent des promotions et deviennent patrons pour toutes sortes de raisons. Certains sont promus parce qu'ils sont vraiment compétents, gèrent bien les gens et les situations, saisissent adéquatement l'ensemble de la situation et communiquent aisément les idées. Les patrons idéaux, quoi ! Malheureusement, ce n'est pas le cas de tous.

- Dans les entreprises technologiques, les patrons sont souvent promus parce qu'ils sont des petits génies ou des mordus de leur matière. Mais dès qu'il s'agit de rapports humains, ils sont perdus.

- Dans les entreprises familiales, on devient parfois patron parce que le paternel en a décidé ainsi.

- Dans les sociétés et les organismes syndiqués, il arrive que les patrons soient promus parce que c'est le tour de Tremblay, et donc c'est Tremblay.

- Dans les entreprises moins attirantes, de par leur activité par exemple, et dans les services publics, il est courant de rencontrer des patrons qui ne pourraient pas trouver de travail ailleurs.

- Dans les entreprises spécialisées dans la vente, des représentants performants arrêtent quelquefois de vendre, laissant derrière eux ce qu'ils savent faire pour se retrouver à ne rien comprendre à l'essentiel de ce qui ferait d'eux de bons patrons.

- Dans les entreprises où il y a des problèmes, à l'occasion, un comptable émerge et devient le patron.

- Dans le secteur des technologies de l'information, les patrons, la plupart du temps inexpérimentés, sont rarement bons lorsqu'il s'agit de gérer une crise.

Existe-t-il un endroit où on peut trouver un bon patron? Oui, évidemment. Mais il est important de savoir que les patrons ne sont pas toujours promus parce qu'ils sont de bons patrons. Être habile dans un domaine, avoir des compétences techniques ou avoir longtemps travaillé dans une entreprise est souvent le moyen d'obtenir le mot *Directeur* affiché sur sa porte. Certains apprennent à devenir des patrons. D'autres font vivre l'enfer à leurs employés.

Dans chaque mauvais patron se fait entendre une petite voix qui lui murmure qu'il est un mauvais patron. Or, que font les mauvais patrons? Ils compensent. Ils surmontent leur insécurité en devenant des caricatures de ce qu'ils pensent qu'un patron doit être. S'ils n'ont jamais été formés dans la gestion du personnel, comment la connaîtraient-ils? Alors ils inventent. Ils deviennent arrogants, agressifs, ils crient, hurlent et manipulent. Ils sont difficiles à contenter, égoïstes et anxieux. Pas commodes, en somme.

Commençons par le début. Ce sont eux les patrons, et ils peuvent vous montrer la porte. Donc, si vous tenez à conserver votre chèque de paie bimensuel, souvenez-vous d'être diplomate. Laissez-les croire qu'ils sont aux commandes… même si c'est vous qui y êtes.

La colère incarnée

Vous travaillez pour la colère incarnée ? Facile. Laissez cette personne se mettre en colère ! Que pouvez-vous faire si elle veut piquer une crise ? Cela dure rarement plus de quelques minutes. Laissez-la déborder, éclater et exploser. Tant que vous n'intervenez pas, vous ne risquez rien. Même si vous avez totalement raison, que le règlement de l'entreprise, la loi, la Commission des droits de la personne sont de votre côté, ne bougez pas.

Le truc est de vous éclipser jusqu'à ce que les choses se calment. Voilà ce que vous pouvez dire : « Je suis désolé que vous soyez si fâché à ce sujet, mais nous devons gérer tout ça de façon rationnelle. Je vais me retirer et je pourrai revenir lorsque nous aurons tous les deux eu l'occasion d'évaluer la situation. » Puis, sortez de la pièce. Quelle que soit la réponse, sortez. Si la personne semble penaude, désolée, ou même encore plus fâchée, partez malgré tout. Si nécessaire, vous pouvez ajouter : « Non, je veux laisser les choses telles quelles pour l'instant. Je reviendrai peut-être dans une heure, et alors nous en reparlerons. »

Ne soyez pas tenté d'avoir une dispute. Cela pourrait être agréable de fantasmer sur ce genre de phrase : « Vous êtes un grossier personnage, comment voulez-vous que quelqu'un puisse travailler avec vous ? Vous ne cessez de vous emporter ! » Mais alors, vous aurez un autre problème : où travaillerez-vous la semaine prochaine ? Restez calme et traitez le problème à votre façon.

 A S T U C E

Le mot important dans ce genre de situation est « nous ». Cela vous aide à rester en contact avec les événements, à partager la responsabilité de ce qui arrive, et ne donne pas l'impression que vous blâmez qui que ce soit ou que vous êtes réprobateur.

Ne les laissez jamais voir votre inconfort

Les tyrans aiment voir les membres de leur personnel dans leurs petits souliers. Ne leur faites pas ce plaisir. Quoi qu'il arrive :

• restez calme ;

• ne hurlez pas vous aussi ;

• ne vous engagez pas dans la dispute ; « Va te faire voir » peut être une formule fort satisfaisante à énoncer, mais vous la regretterez 60 secondes plus tard ;

• ne dites quoi faire à personne ;

• ne démissionnez jamais, au grand jamais, sous l'impulsion du moment.

PENSEZ-Y!

Pourquoi laisser un patron crétin ou cinglé détruire un emploi de rêve ?

ASTUCE

Ça fonctionne. Vraiment. Je sais que vous bougonnerez après avoir lu ce qui suit. Mais faites-moi confiance. C'est le genre de conseil que votre mère vous donnerait, et ça fonctionne. Ça n'a rien de magique, ce n'est pas nouveau et ce n'est pas de la psycho-pop. C'est fondé sur les excellents principes de base de la gestion du stress et de la colère.

Alors voilà : éloignez-vous de la querelle, de la dispute, de la bagarre, de la discussion. Isolez-vous et comptez de 20 jusqu'à 1. Inspirez profondément, concentrez-vous et comptez : 20, 19, 18, 17, 16, 15, 14, 13, 12, 11, 10, 9, 8, 7, 6, 5, 4, 3, 2, 1.

Pour une raison quelconque, compter dans l'autre sens ne fonctionne pas. Compter à l'envers, si. Cela a un pouvoir calmant. Vous n'avez jamais assisté à une séance d'hypnose ? On y utilise toujours la technique du décompte pour relaxer les cobayes.

En fait, il y a quelques bonnes raisons psychologiques pour expliquer pourquoi ça marche, mais ce n'est ni le moment ni l'endroit pour en discuter davantage ! La prochaine fois que vous vous sentez dans la peau du porte-parole qui subit les affronts sans pouvoir se plaindre, essayez ce truc. Ça marchera pour vous aussi. ▬▬▬▬▬▬▬▬▬▬▬

Si rien ne réussit, que faut-il faire ?

Donc, vous avez tout essayé.

• Vous avez tout fait en temps et lieu.

• Lorsque ce n'était pas possible, vous aviez une bonne raison et vous avez prévenu à l'avance que l'échéance était impossible à respecter.

• Vous avez soutenu votre peste de patron en public sans vous montrer grossier et sans qu'il ait l'air imbécile – même s'il l'est !

• Vous avez travaillé avec votre patron, trouvé ce qui le stresse et vous y êtes adapté.

• Vous ne lui avez jamais donné l'occasion de se plaindre de vous.

Comme prochaine étape, vous pourriez essayer la médiation.

• Le service des ressources humaines peut peut-être vous être utile.

• Vous pouvez faire appel à quelqu'un de plus élevé dans la hiérarchie pour vous aider.

• Vous pouvez même avoir dit à votre patron : « Écoutez, je sais que nous avons tous beaucoup de pression et je peux comprendre que cela signifie parfois qu'on oublie quelques règles de courtoisie. Cependant, je ne pense pas qu'il soit raisonnable que vous attendiez de moi que je supporte votre comportement et [là, décrivez un problème particulier ou un incident pour qu'il n'y ait aucune ambiguïté dans vos propos]. Nous allons devoir trouver une meilleure base de travail commune. »

Et si finalement, rien ne réussit ?

Vous n'avez qu'une seule vie. Partez, démissionnez, vivez votre vie.

Si vous êtes bon dans ce que vous faites, partez et trouvez un autre emploi. Faites-le à votre façon, au moment que vous aurez choisi et à votre propre rythme. Ne plaquez pas tout sur un coup de tête, ne claquez pas la porte et ne proférez aucune menace. Partez, un point c'est tout.

Si vous pensez que l'affaire doit être portée devant la Commission des normes du travail, faites-le. Partez tranquillement.

Ne dites pas aux autres que vous cherchez un autre emploi, car les secrets n'existent pas.

Ne soyez pas malheureux, la vie est trop courte.

5

Les collègues qu'on a envie d'étrangler

Une des choses les plus tristes qui soient est que travailler
est la seule activité que vous puissiez accomplir pendant huit heures tous
les jours. Vous ne pouvez pas manger huit heures par jour, ni boire huit heures
par jour, ni faire l'amour huit heures par jour.

WILLIAM FAULKNER

Bureaux à aire ouverte, équipes de travail, cibles communes, bonus liés aux résultats, quarts de travail avec partage des responsabilités, chaînes de production basées sur les résultats communs… L'objectif des entreprises modernes est d'avoir des gens qui travaillent ensemble en étroite collaboration, à la fois physiquement et mentalement. Et pourquoi pas spirituellement !

Travailler avec des gens, c'est tout cela. Ce qui peut signifier aussi, parfois, travailler avec des gens malcommodes.

Peu d'entre nous peuvent s'offrir le luxe de se retirer dans la solitude de leur propre bureau, de fermer la porte et d'être tranquille pendant quelques minutes. Pour la plupart des gens, le lieu de travail est bondé, animé, trépidant, bruyant. La cafétéria de l'entreprise est souvent pareille, et le vestiaire peut-être pire. Les toilettes sont sans doute l'endroit le plus paisible !

Dans les bureaux à aire ouverte, les collègues à la voix tonitruante sont une source d'irritation dont vous pouvez vous passer, et travailler avec un collègue qui sent la transpiration est infect. Les bonnes relations de travail sont essentielles aux bons résultats d'une entreprise, et les bons patrons le savent bien. Ceux qui sont vraiment bons n'ont pas peur d'aborder les problèmes de front, sans détour.

Les gestionnaires se trompent souvent sur la fonction de la concurrence à l'intérieur de l'entreprise. Un des meilleurs exemples d'oxymoron – une figure de style consistant à réunir deux mots en apparence contradictoires – vient du vocabulaire utilisé en gestion : concurrence amicale. Que voilà une parfaite contradiction. Une chose telle que la concurrence amicale n'existe pas, et tenter de la mettre en place n'encourage pas les bons résultats. Cela favorise plutôt les intrigues, les conspirations, les coups bas, et concentre l'attention sur les points à marquer plutôt que sur le fait de gagner.

Collaborer pour gagner et rivaliser pour vaincre les entreprises concurrentes qui cherchent à prendre vos clients est une meilleure méthode.

 P E N S E Z - Y !

Vous pouvez choisir vos amis et l'environnement dans lequel vous voulez vivre. Vous pouvez choisir comment dépenser votre argent et vous pouvez choisir votre conjoint. Vous pouvez également choisir votre emploi. Les deux choses que vous ne pouvez pas choisir sont en fait deux groupes de personnes qui ont le plus de chance de vous causer des problèmes : votre famille et vos collègues !

Vous saisissez ? Alors mettez tout cela en perspective. Une fois que vous avez accepté cela, le reste est facile. Attendez-vous de temps à autre à ce que des difficultés surgissent. Ce serait un miracle s'il n'y en avait pas. Si vous n'en rencontrez pas, détendez-vous et pensez à la chance que vous avez.

A S T U C E

Les représentants ! Peut-il y avoir un groupe de personnes plus difficiles au monde ? Vous devez gérer l'amour-propre, la mauvaise opinion de soi-même, l'arrogance, l'hostilité, l'orgueil, l'égoïsme, la vanité, l'obstination, le courage, l'assurance, la persévérance, la résistance et la ténacité – un cocktail de toutes les émotions humaines auxquelles vous pouvez penser.

Puis un idiot arrive et dit : « Motivez l'équipe de vente. » Mais comment ? Voici un groupe d'hommes et de femmes qui sont tous à différents niveaux émotionnels et psychologiques, qui connaissent des hauts et des bas, des sommets et des creux, qui ont des vies personnelles complexes, qui vivent des catastrophes personnelles, qui relèvent des défis, qui sont heureux. Il faut être fou pour penser qu'il existe une formule magique pour « motiver l'équipe de vente » !

Vous pouvez essayer ce qui suit. À une certaine époque, j'ai été chargé de « motiver l'équipe de vente ». Trouver de nouvelles façons de les aiguillonner pour obtenir de meilleurs résultats était un véritable cauchemar. Cette équipe talentueuse était formée de personnes douées, brillantes et sans envie aucune de jouer des coudes. Ces gens réussissaient et avaient de bons revenus. Trouver des façons d'améliorer les résultats devenait de plus en plus difficile.

Un jour, tandis que je me débattais avec les rapports de vente et les chiffres, j'ai eu une idée. En moyenne, l'équipe de vente trouvait 20 clients potentiels, obtenait 5 rendez-vous et concluait 2 ventes. Cela signifiait que nous avions besoin de 18 personnes qui diraient non contre deux qui répondraient par l'affirmative.

J'ai inversé la logique de ce système : nous avons dès lors encouragé les gens à obtenir des réponses négatives. De cette manière, plus nous avions de réponses négatives, plus près nous étions des réponses positives. C'était un avantage intéressant. Plus nous nous sommes agités autour des « non », plus l'équipe des ventes s'est intéressée aux raisons pour lesquelles les clients potentiels répondaient par la négative. Il n'y avait plus de honte professionnelle, et rien à cacher non plus lorsqu'ils recevaient une réponse négative. Les techniques ont été analysées, le processus de vente a été revu, et l'offre des produits, affinée.

Cette méthode a vraiment fonctionné, et le ratio des clients potentiels qui disaient oui a doublé, parce que nous partagions aussi bien nos échecs que nos réussites.

La folle compétition

Le monde des affaires peut conduire à une course à la performance entre collègues qui peut rendre tout le monde fou. Vous avez sûrement déjà entendu, dans une réunion : « Je ne comprends pas du tout pourquoi nous nous énervons tant. Notre service a déjà élaboré un projet comme celui-ci en la moitié moins de temps » ou : « Notre section dépasse toujours ce genre d'objectifs » ou encore : « Nous arrivons régulièrement à produire cette quantité en trois fois moins de temps. »

Vous n'avez jamais eu envie de balancer votre verre d'eau à la tête de personnes qui tiennent ce genre de discours ? Ce ne serait pas une bonne idée. Essayez plutôt cela : « Oui, je sais, et bravo. Pouvons-nous revenir sur cette question et voir comment nous allons la traiter ? » Ces quelques mots, quitte à les répéter au besoin, recentreront la discussion et indiqueront que tout le monde est passé à autre chose ; les prétentieux compétitifs qui en remettront auront l'air puérils.

 A S T U C E
Flattez un peu l'ego des compétitifs, et ils se tairont et rayonneront. Facile. Et immanquable.

Les rivaux, les adversaires et les allusions personnelles

Les attaques personnelles ne marchent pas. Elles laissent sur une relation une marque qui peut être indélébile, et les gens éprouvent de la rancune, de l'amertume et du ressentiment, sentiments qui deviennent des obstacles au travail qui doit être fait.

Abstenez-vous de faire des allusions personnelles. Séparez le problème de la personne. Désappariez l'individu de la difficulté. Dissociez la personnalité du problème.

Il vaut mieux ne pas dire : « À cause de la façon dont vous avez géré cette question, nous avons maintenant devant nous un véritable gâchis »... même si c'est vrai ! Sinon, la personne en cause passera les trois heures suivantes à se défendre, à défendre son service, sa mère, sa famille, qui sais-je encore ! Cela ne résoudra pas le problème. Il faut régler la question, donc concentrez-vous sur cette question.

Essayez plutôt : « Nous avons besoin de résoudre cette question, donc étudions-la et mettons-nous d'accord sur la prochaine étape. » Si quelqu'un essaie de ramener la conversation sur la recherche du coupable ou se plaint de celui-ci ou celui-là, ramenez-le vite dans le droit chemin : « Comment nous en sommes arrivés là est pour le moment moins important que de nous en sortir. Décidons de la direction à prendre à partir d'ici. »

 P E N S E Z - Y !
L'approche visant à ne pas faire d'allusions personnelles vient directement des principes de base de ce qu'on appelle la résolution de conflit. Vous avez peut-être déjà entendu parler de cette approche en relation avec l'Irlande du Nord, car le maître incontesté de cette approche était Gerry Adams, le leader du Sinn Féin. Il est toujours resté en dehors de toutes considérations personnelles et se concentrait sur les problèmes. Vous pouvez ne pas être d'accord avec sa politique, mais vous devez admirer sa technique.

Et ceux qui se tiennent tranquilles ?

Vous ne vous êtes jamais trouvé dans une réunion où certaines personnes sont tranquillement assises et ne disent rien ? Ne vous êtes-vous jamais demandé pourquoi ? Est-ce parce qu'elles sont timides ? Elles sont peut-être mal à l'aise ? Pensent-elles qu'elles sont trop exceptionnelles pour être là et que vous ne valez pas la peine qu'elles se préoccupent de vous ?

Vous savez à quoi vous en tenir avec des collègues qui explosent, qui sont contestataires ou qui aiment se disputer, mais que faites-vous avec ceux qui se tiennent tranquilles ?

Ces derniers ont peut-être besoin d'un peu de confiance en eux pour aller de l'avant. Ou bien ils se sentent supérieurs et ne veulent pas intervenir. Il se peut que ce soit parce qu'ils ont besoin d'une « autorisation » pour participer. Ou encore parce qu'ils complotent contre vous ! (Incluons aussi cette mince possibilité, juste pour entretenir un peu de paranoïa !)

Quel que soit le problème, voici une façon de les amadouer, de les faire avancer ou de les débusquer : demandez-leur leur opinion sur une partie moins importante de l'ensemble de la question ; posez des questions auxquelles ils trouveront facile de répondre et qui les feront paraître stupides s'ils ne répondent pas. Ne vous arrêtez pas sur une question ; au cours de la réunion, posez-leur deux ou trois questions du même genre.

Voici ce qui se passera.

• Le timide sera amené à participer.

• Les arrogants répondront avec dédain aux questions faciles et ne pourront résister à l'envie de faire une intervention élaborée.

• Les comploteurs répondront à la question et resteront sages. Méfiez-vous !

6

Les employés dont on voudrait dévisser la tête

J'aurais dû travailler juste assez longtemps
pour découvrir que je n'aimais pas ça.

Paul Theroux

Donc, vous avez réussi : c'est vous le patron en charge des problèmes. Bravo.

Maintenant, vous avez des employés pour qui vous êtes prêt à donner votre vie, pour qui vous feriez tout ce que vous pouvez… et que vous avez parfois envie d'étrangler. N'est-il pas amusant d'être le patron ? Ça devrait ! En vérité, ce n'est pas facile.

Même si vous êtes le patron, il y a toujours de la pression sur vous. Si vous êtes patron à un niveau moyen de la hiérarchie, alors la pression viendra d'en haut. Si vous êtes un patron au niveau supérieur de la hiérarchie, il y a des chances qu'il y ait un patron plus important qui se cache quelque part. Si vous êtes le patron de tous les patrons, vous aurez toujours affaire à des actionnaires, des banques ou les médias. Personne ne s'en tire facilement dans le monde du travail.

Dans l'ennuyeux jargon des experts du management, tous les patrons doivent gérer de manière ascendante et descendante. La vie ne serait-elle pas plus facile si on n'avait pas à se soucier des autres ? Une entreprise sans personnel, quel plaisir ! (Nous aborderons plus loin la question des clients.)

D'une façon ou d'une autre, vous devez trouver une formule qui maximise la productivité de l'entreprise et tire le maximum de votre personnel sans être un esclavagiste ou un patron déplaisant.

La communication et la compréhension sont les façons d'éviter de devoir traiter avec un personnel malcommode. Dites aux gens ce que vous voulez et ce que vous attendez d'eux, expliquez comment vous voulez que les choses soient faites et soyez clair sur les objectifs.

 ATTENTION

Au cœur de chaque problème de relation avec un employé, j'ai toujours cherché à débusquer un mot de 13 lettres : communication.

Treize lettres, vous avez bien noté ? C'est le chiffre de la malchance pour certains. Est-ce votre cas ?

Voici ce qu'on vous répondra, et bien plus encore :

• « Vous ne comprenez pas la pression exercée sur le service. »

• « Personne ne m'a dit quelle était l'échéance pour cette commande. Je pensais que la semaine prochaine convenait. »

• « Je fais toujours ça comme ça, et je ne savais pas que vous vouliez que ce soit fait différemment. »

« Je n'avais pas compris », « personne ne m'avait dit », « je ne savais pas ce que vous vouliez » : ces paroles vous sont-elles trop familières ? La première question à se poser est : les défauts de ces gens en font-ils des gens malcommodes ? Non. Le problème se situe au niveau du patron.

Voici une phrase à découper et à accrocher sur le réfrigérateur ou sur votre babillard, ou carrément à vous coller dans le front :

> **Personne n'a jamais géré une entreprise prospère en restant assis derrière un bureau.**

Pendant que nous y sommes, voici une autre phrase :

> **Si vous ne prenez pas le temps de dire aux gens ce que vous voulez, comment voulez-vous qu'ils vous donnent ce que vous voulez ?**

Et, pour faire bonne mesure :

> **Si vous continuez de faire ce que vous avez toujours fait, vous obtiendrez ce que vous avez toujours obtenu.**

 P E N S E Z - Y !
Les gens d'affaires de calibre international sont très rares. Ceux qui font partie de l'élite ont tous quelque chose en commun : ils sont tous absolument convaincus qu'ils ne doivent pas rester enfermés dans leur bureau.

Lord Sieff a bâti le plus grand empire de détaillants, Marks & Spencer (oui, je sais, ils ont peut-être fait leur temps et ils ont besoin de se secouer pour être de plain-pied dans le XXIe siècle), en passant deux jours par semaine dans ses magasins ou chez ses fournisseurs.

L'entrepreneur britannique le plus connu, Sir Richard Branson, peut très bien se retrouver sur un de ses avions transatlantiques à servir des boissons, ou à s'asseoir à vos côtés dans un de ses trains. Il est aussi connu pour avoir servi des clients dans ses magasins de disques.

Les gestionnaires des magasins de téléphonie Carphone Warehouse se présentent dans leurs magasins.

Rocco Forte, pour reconstruire son empire de destinations vacances, réserve dans ses hôtels sous un pseudonyme et y passe plusieurs nuits par semaine.

Tous les gens d'affaires de haut niveau sortent de leur bureau. Ils réalisent qu'ils doivent le faire pour bien comprendre leur secteur d'activité, pour trouver ce que leurs clients veulent vraiment et observer comment le personnel vaque à ses tâches.

Pour faire comprendre ce que c'est qu'être un patient dans le système de santé public du Royaume-Uni, le Leicester Trust, un regroupement d'hôpitaux, met en contact des internes avec des patients qui souffrent de maladie chronique. Les étudiants en médecine passent du temps avec ces derniers et essaient de comprendre ce qu'on ressent lorsqu'on est malade et qu'on a peur. Ils accompagnent dans les services d'urgence les patients qui ont eu un accident et découvrent à quel point il est pénible d'attendre des heures avant d'être pris en charge. Ils demeurent même au domicile des patients qui ont besoin de soins de longue durée pour comprendre les pressions dont souffrent les aidants naturels.

La BBC a diffusé une série d'émissions vraiment passionnantes intitulée *Back to the Floor*. Des gestionnaires d'entreprises de premier plan ont passé une semaine à travailler dans leur entreprise, mais « sur le plancher » : un marchand épicier a travaillé dans les magasins et vérifié la caisse ; le propriétaire d'une chaîne de restaurants a travaillé dans les cuisines; le dirigeant d'une chaîne de magasins a travaillé à l'atelier; le grand patron d'une entreprise de gestion des déchets a travaillé comme éboueur.

Tous ces gestionnaires se sont rendu compte de beaucoup de choses concernant leur entreprise : les petites choses, comme ne pas avoir assez de place au comptoir pour emballer les achats des clients, ou le temps que prend le redressement des erreurs dans les procédures de vérification. Le propriétaire des restaurants a été tellement consterné en voyant les conditions de travail et l'attitude du personnel qu'il a essayé de ne pas aller jusqu'au bout du programme.

Tous ont fini par avoir une meilleure compréhension de leur entreprise et ont pu effectuer des changements pour faciliter la vie de leurs employés. En découvrant ce à quoi ressemblait vraiment leur entreprise, ils pouvaient communiquer avec leur personnel sur la base d'une bonne compréhension de ce qui pouvait être réalisé. Ils ont tous décidé que ce qu'ils obtenaient ne correspondait pas à ce qu'ils voulaient et ont changé leur façon de faire.

En comprenant votre entreprise, vous aurez moins de problèmes à gérer votre personnel et vos clients.

 P A U S E

Vous avez suffisamment réfléchi ; faites une pause. Sortez votre agenda et notez quelques dates auxquelles vous passerez du temps dans votre entreprise. Je vous promets qu'au bout d'un moment, vous aurez moins de gens difficiles à gérer.

Indépendant ou têtu ?

Des employés qui résolvent des problèmes, font preuve d'initiative et trouvent des réponses adaptées à des problèmes précis sont le rêve de tout patron. Encourager l'indépendance opérationnelle est une bonne idée. Mais (désolé, il y a toujours un mais) lorsque l'indépendance se transforme en obstination et conduit l'employé à faire son affaire sans se préoccuper des autres, il est temps que le patron réagisse.

Que faire ? Posez-vous d'abord cette question : pourquoi dois-je réagir ?

• Est-ce parce que les choses ne se font pas à ma façon ?

• Est-ce que parce que cette personne porte préjudice à l'entreprise en faisant sa petite affaire ?

• Est-ce parce que je suis jaloux qu'elle ait trouvé une meilleure façon d'agir et que je me sens dévalorisé ?

• Est-ce parce que je rêve que tout le monde soit un partenaire dans l'équipe et que je n'ai pas le temps de m'occuper de chaque individu ?

Le tort causé concerne-t-il votre ego ou le processus opérationnel ? Vous devez peut-être accepter que quelques personnes parmi votre personnel agissent à leur manière ? Cela porte-t-il préjudice à l'entreprise, coûte-t-il plus cher que prévu, affecte-t-il la productivité de l'entreprise, perturbe-t-il les autres membres du personnel ? Est-ce dangereux ? Cela met-il des gens en danger ? Ou est-ce plutôt une bonne idée à laquelle vous n'aviez pas songé ?

Réfléchissez avant d'agir. Si vous le faites, agissez à juste titre et en toute justice. Souvenez-vous que le règlement et le manuel des procédures peuvent ne pas être vos meilleurs alliés, surtout si le membre indiscipliné de votre personnel a réellement trouvé une meilleure façon de faire.

Toutefois, lorsque vous décidez de résoudre le problème, essayez de le faire sans nuire à la motivation de votre employé : « Je sais que vous avez l'habitude de le faire à votre façon, mais l'entreprise a de bonnes raisons de vouloir que vous le fassiez d'une autre manière. Laissez-moi vous les expliquer. »

À la fin de la rencontre, ajoutez : « Nous sommes vraiment intéressés d'apprendre de l'expérience de ceux qui font le travail. Si vous trouvez un moyen plus intéressant/plus sûr/plus rapide/plus fiable, dites-le-moi ; nous verrons alors comment il peut s'inscrire dans la façon de faire et nous essaierons de le mettre en place. Nous apprécions les bonnes idées. »

De cette façon, votre salarié peut rentrer chez lui rassuré : il n'a pas un patron casse-pieds !

Quand enfin la grande aiguille arrive sur le 12

Vous ne vous êtes jamais demandé pourquoi vos employés regardent constamment l'heure ?

• Ils peuvent vivre des problèmes personnels.

• Il se peut qu'ils s'occupent d'une personne malade ou d'un proche plus âgé.

• Ils peuvent avoir à récupérer leurs enfants à la garderie ou chez la gardienne.

• Ils ont peut-être un train ou un bus à prendre.

• Il est possible qu'ils suivent des cours du soir ou qu'ils aient un rendez-vous galant.

Qui sait ? Vous, vous devriez savoir. Non ? À part pour le rendez-vous galant, ne devriez-vous pas savoir si votre personnel subit une pression extérieure ? Pouvez-vous aider ? modifier les heures de travail ? être un employeur qui facilite la conciliation travail-famille ?

Peut-être y a-t-il aussi une autre raison ? Font-ils le travail, ou bien font-ils un bon travail à avoir l'air de faire le travail ? Se peut-il que le travail soit débilitant ? abrutissant ? monotone, ennuyeux et déprimant ?

Comment jugez-vous vos employés ? Ont-ils du potentiel ? Voulez-vous les encourager et les motiver ? « Bien sûr ! » répondez-vous.

Le milieu de travail d'aujourd'hui a tant perfectionné et déqualifié les tâches qu'il arrive qu'un travail soit une véritable corvée. Des pauses fréquentes, un changement de tâche et des modifications de l'environnement de travail peuvent aider à améliorer le travail monotone. Faites-vous tout ce que vous pouvez dans ce domaine ?

Pourquoi ne pas essayer ça : « Je voudrais vous donner l'occasion de sortir de la routine. Pourriez-vous faire cette tâche pour moi… ? »

S'il ne s'agit pas du travail ou de l'environnement, alors cela concerne fort probablement la vie personnelle.

 A S T U C E

Rappelez-vous ce que j'ai mentionné plus haut : « Personne n'a jamais géré une entreprise prospère en restant assis derrière un bureau. » Si le personnel n'est pas motivé, regarde sans cesse l'heure et donne de mauvais résultats, dans quelles proportions peut-on attribuer ce problème aux tâches, à l'environnement de travail et aux méthodes de travail ? Il est temps de revenir « sur le plancher ». Exécutez vous-même les tâches afin de mieux comprendre. Je vous parie que, en moins de trois jours, vous trouverez une solution.

Les bons patrons ne s'occupent pas des affaires des autres... mais ils devraient essayer

Perte de motivation, mauvais résultats, manque d'intérêt : qu'en est-il ? Il y a une seule façon de le découvrir : si vous êtes convaincu qu'il ne s'agit pas d'un problème lié au travail, posez la question ! « Je constate que vous ne semblez pas très attentif à votre travail, ces jours-ci. Pouvons-nous faire quelque chose pour vous ? » Attendez la réponse : « Non, merci, tout va bien. » Et poursuivez : « C'est bon. Je voulais juste que vous sachiez que s'il se passe quelque chose, ma porte est ouverte, et nous pouvons en discuter si vous voulez. »

Vous obtiendrez peut-être une réponse, ou un indice, mais peut-être rien. Peut-être y aura-t-il un rapprochement plus tard. Soyez patient. L'important, c'est que vous ayez envoyé un signal, un signal qui indique : « nous serions plus heureux si vous alliez mieux. » Vous ne pouvez pas faire davantage.

 P A U S E
Faites une pause bien méritée. Vous avez fait de votre mieux.

Envoyer un signal pour mieux se repositionner

Avez-vous jamais eu de grands espoirs envers un membre de votre personnel, pour découvrir ensuite qu'il n'est pas à la hauteur ? Demandez-vous pourquoi.

• A-t-il été mal recruté, sans une recherche suffisamment approfondie sur son expérience professionnelle et sa formation ?

• Son travail est-il devenu plus éprouvant ?

• Est-il aux prises avec un problème personnel ?

• A-t-il des dettes ?

• A-t-il des problèmes avec ses enfants ?

Quel que soit le problème, vous êtes le patron. Gérer des personnes malcommodes et des situations délicates est de votre ressort. Mettez-vous au travail !

Revenez en arrière dans le texte et recherchez l'icône de la tasse de café. Lisez le texte qui le précède. S'il s'agit d'un problème personnel, la clé pour le gérer est dans cette partie.

Si ce n'est pas un problème personnel, il y a plusieurs options :

• Avez-vous besoin d'organiser une formation ?

• Le travail est-il trop facile, ce qui fait que la personne est sous-employée parce qu'elle n'a pas de défi à relever ?

• Pendant l'entrevue de sélection, la personne a-t-elle donné d'elle-même une image trompeuse ou a-t-elle menti au sujet de son expérience ? Les personnes qu'elle a données en référence ont-elles menti ?

• Pouvez-vous réorganiser la façon de travailler ?

• Pouvez-vous donner une partie du travail à quelqu'un d'autre pendant un moment pour permettre à l'employé d'accélérer ?

• Devez-vous revoir votre processus de recrutement ?

Étape suivante : parlez à la personne concernée. Faites-le à partir de ce qui s'est dit à l'entrevue de sélection initiale :

• Exposez à nouveau les tâches à accomplir.

• Revoyez son expérience et ses qualifications.

• Évaluez si elle devrait mieux s'en sortir.

Acceptez de donner une formation ou une période de répit, de même qu'un calendrier pour que les choses s'améliorent. Puis faites le point régulièrement. S'il n'y a pas de véritable amélioration, assignez la personne à un poste moins exigeant ou, si nécessaire, laissez-la partir : « Je suis désolé, mais ça ne marche pas. Nous devrions peut-être nous séparer pour vous donner la chance de trouver un emploi où vous vous sentirez mieux et pour que, de notre côté, le travail soit fait comme nous le désirons. »

C'est difficile, mais plus bénéfique à long terme.

P A U S E
Être le patron n'est pas que prestige et privilèges, n'est-ce pas ?

Lorsque vous avez terminé d'utiliser le bâton, essayez les carottes. Récompenses, bonus de fin d'année, primes de rendement, incitatifs financiers font partie intégrante de la vie professionnelle d'aujourd'hui. Pour certains employés, ils vont de soi. Lorsque vous dites : « Sautez », si le bonus est assez bon, ils demanderont : « À quelle hauteur ? »

Cependant, des études montrent que les gens ne travaillent pas seulement pour l'argent et qu'un pourcentage assez élevé des salariés n'est pas motivé par l'argent. C'est particulièrement vrai chez beaucoup de travailleurs des services publics dont la motivation est basée sur des principes. Ces travailleurs ont le sens du service et font grand cas des opportunités de formation et du développement personnel et professionnel pour toujours s'améliorer. Ils puisent leur fierté dans un travail bien fait et peuvent être gênés ou honteux s'ils n'ont pas atteint l'objectif visé.

La satisfaction au travail joue un grand rôle dans la motivation du personnel.

A T T E N T I O N
Ne vous attendez pas à ce que tout le monde se précipite sur la commission ou la prime substantielle que vous offrez. Chacun a sa propre motivation. Est-ce ce que vous appelez des difficultés ?

Vos attentes peuvent être différentes de celles des autres. Pour que la carotte et le bâton fonctionnent, essayez plutôt ce qui suit :

- Asseyez-vous avec chacun des employés et expliquez l'objectif global ; convenez du niveau auquel l'individu peut apporter sa contribution.

- Soyez clair sur les résultats attendus et les objectifs individuels.

- Encouragez le personnel à être exigeant envers lui-même ; toutefois, être trop ambitieux et viser des objectifs irréalisables n'est pas bon pour l'entreprise, et très démotivant pour le salarié qui ne parvient pas à les atteindre.

- Surveillez les résultats à intervalles réguliers.

- Soyez prêt à modifier les objectifs d'un commun accord ; sinon, restez fidèle aux règles.

 A S T U C E

Les récompenses personnelles ne sont pas une réponse à tout. Certaines personnes sont motivées par ce qu'elles peuvent faire pour les autres.

Commencez par la famille : des congés, des vacances sont une récompense pour de bons résultats, et ils donnent à Papa et à Maman le statut de véritables héros à la maison ; ces temps d'arrêt motivent davantage que le meilleur des patrons.

N'oubliez pas la possibilité de lier les résultats à des dons de charité ou à toute autre cause.

Utilisez le bâton pour garder quelqu'un concentré sur les objectifs fixés. Utilisez la carotte pour dire bravo.

Recevoir un signal et se positionner

Comment va votre dos ? Vous avez été poignardé récemment ? Bon nombre de patrons trop confiants ont en face d'eux des salariés très agréables mais épouvantables dès qu'ils ont le dos tourné.

La première question à se poser est : méritez-vous ce coup de poignard ? Soyez honnête avec vous-même : quelle sorte de patron êtes-vous ? Si vous êtes convaincu que vous n'êtes pas un patron infernal (si vous n'en êtes pas certain, relisez, au chapitre 2 page 17, la section intitulée *Vous reconnaissez quelqu'un ?*), il faut que vous agissiez.

Il ne s'agit pas seulement d'une affaire personnelle. En effet, les employés qui disent sans justification du mal de leur patron font du tort à l'entreprise et minent le moral du personnel, surtout celui des nouveaux venus.

Vous sentez cet élancement entre les omoplates ? Trouvez le membre du personnel qui a à la main un poignard ensanglanté et essayez ceci : « Ce que vous pensez de moi au niveau personnel est votre affaire. Cependant, nous ne sommes pas ici pour nous amuser. Il faut gérer une entreprise, et je fais du mieux que je peux. Si vous avez une critique légitime à formuler, venez et parlons-en ensemble, en privé. Ma porte vous est ouverte. Sinon, gardez vos remarques désobligeantes pour vous. »

Dur ? Oui, mais c'est pourquoi vous êtes le patron. Les autres réaliseront bientôt ce qui s'est passé et seront probablement soulagés de ne pas avoir à entendre toutes ces inepties. Mieux, vous monterez dans leur estime pour vous en être occupé.

Les employés vraiment malcommodes

Ce livre n'a pas pour but de pour vous apprendre le Code du travail et le fonctionnement du Tribunal du travail, mais vous devez connaître votre affaire, ou connaître quelqu'un qui la connaisse pour vous. C'est pour cela qu'on vous paie si cher !

Les lois du travail sont basées sur des faits. Dans les dernières décennies, il y a eu de grands changements concernant l'équilibre employeur-employé, ce qui est une bonne chose. Personne ne veut travailler dans un atelier de misère, et personne ne veut en gérer un. Mais la loi est complexe, et un véritable terrain miné pour celui qui n'est pas vigilant.

À des fins de fonctionnement optimal, les phrases clés sont : notez tout, gardez des notes récentes et constituez un dossier constitué de faits, avec des preuves écrites prouvant les incompétences ou les fautes graves.

La règle d'or est de gérer les problèmes difficiles aussi rapidement que possible. Une règle qui vient des experts de la gestion du temps est bonne pour ceux qui essaient de gérer un salarié difficile : faites d'abord ce que vous avez le moins envie de faire. N'attendez pas, et ne laissez pas les situations pourrir. Réglez-les, peu importe si c'est difficile, peu importe à quel point vous êtes réticent et peu importe à quel point ce qui s'en vient est horrible. Appliquez la règle suivante : vas-y, fais-le !

 A T T E N T I O N

Le Code du travail est une affaire d'experts. Si vous êtes un nouveau patron, ou un patron peu sûr de son affaire, lisez le règlement de l'entreprise, parlez aux gens des ressources humaines et ne craignez pas de vous montrer ignorant. Ce n'est ni le moment ni l'endroit d'être un amateur enthousiaste. Si vous travaillez à votre compte, contactez la Commission des droits de la personne, la Commission des normes du travail, Emploi Québec, Service Canada, et consultez des ouvrages qui donnent des conseils sur l'emploi. En cas de doute, consultez un avocat.

7

Manipuler l'égoïste

On peut comprendre le cosmos mais jamais l'ego,
le soi étant plus éloigné que n'importe quelle étoile.

GILBERT KEITH CHESTERTON

Les gens qui réussissent, pour arriver là où ils sont aujourd'hui, auront eu besoin d'un peu de chance, d'un grand courage, de quelques connaissances et généralement de beaucoup d'efforts.

Ces gens seront sûrs d'eux et pleins d'assurance. Ils seront fiers de leurs réussites et positifs. Il y a aussi des chances pour qu'ils soient égotistes.

Les égoïstes, les frimeurs, les égocentriques, les je-sais-tout, les anxieux, de même que ceux qui sont faciles à flatter et ceux qui recherchent l'attention ne sont pas difficiles du tout. Très faciles à gérer. Bien sûr.

Le patron égotiste

Il est facile de traiter avec ce type de patron : accordez-lui tout le crédit ! D'accord, pas tout le temps. Mais vous n'avez pas besoin qu'on vous donne tout le crédit chaque fois, n'est-ce pas ? Si vous voulez vous en sortir avec un égoïste, la flatterie est le meilleur moyen. Vous avez une bonne idée à faire passer à votre égotiste de patron ? Essayez ça : « J'ai lu le mémo que vous avez envoyé sur la réorganisation de la division de l'ouest. Vous savez, je pense que vous avez raison. Partant de l'idée que vous avez énoncée, voici ce que nous pourrions faire... »

Pouvez-vous vous en sortir avec ça ? Mais oui ! Les égoïstes sont aveugles. Si vous-même et votre égotique patron vous regardez tous les deux en même temps dans un miroir, ce dernier ne verra que lui-même.

 A S T U C E
Vous ne changerez jamais votre patron, mais vous pouvez changer ce que les gens pensent de vous.

Cela ressemble-t-il à une capitulation, à un abandon ou à un repli sur soi ? Uniquement si vous n'êtes pas compétent dans votre travail. Les patrons égotiques peuvent être vus (et appréciés) par tous les employés, pas seulement par vous. Si vous êtes compétent dans ce que vous faites et que vous vous démarquez, très vite tout le monde saura d'où viennent les bonnes idées ; ne vous inquiétez donc pas du fait qu'ils veulent prouver qu'ils sont les meilleurs.

L'employé égoïste

Si vous désirez qu'un groupe de personnes travaillent ensemble, se comportent comme une équipe très unie et soient très motivées, la dernière chose que vous voulez, c'est qu'un égotique s'approprie toutes les idées. Essayez : « Éléonore, je sais que vous travaillez très dur et que vous faites de votre mieux, mais j'ai à cœur que tout le monde atteigne des normes de rendement élevées. Je veux que vous vous assuriez que tout le monde a sa part de crédit. De cette façon, nous travaillons mieux, ne trouvez-vous pas ? »

Gagner Éléonore à votre cause est facile : faites simplement appel à son ego en lui demandant un peu de son aide pour prodiguer les éloges.

Le collègue égotiste

Monsieur Parfait, Madame Sans-défaut ? Impossible ! Mais s'ils le pensent, c'est leur problème. La solution consiste à les écouter se vanter et en mettre plein la vue, puis à s'en tenir aux faits. Ne crevez pas leur bulle, laissez-les redescendre lentement. Vous en tenir aux faits et aux chiffres fera le travail pour vous : « Bravo. Et comment avez-vous fait pour arriver à… ? » Ce qu'ils disent n'a pas d'importance, vous avez envoyé un signal. De façon claire, vous dites que les paroles ne vous intéressent pas, ce sont plutôt les actions, les faits qui suscitent votre intérêt. Ils cesseront vite de fanfaronner s'ils savent que vous êtes le genre de personne qui veut des faits pour soutenir leur vantardise.

Faire taire je-sait-tout

Voilà qui est délicat ; souvenez-vous que vous devez travailler avec ces gens-là ! « Taisez-vous, imbécile ! » serait approprié, mais ce n'est pas possible, si vous voyez ce que je veux dire. Pensez à cela comme à une mise à terre en judo. Le judoka sait qu'il n'ira nulle part en poussant et en bousculant. Il attend que son adversaire le pousse et alors il tire, en utilisant l'élan de l'autre.

N'essayez pas de battre un égoïste à son propre jeu ; faites-lui plutôt jouer le vôtre. Soyez comme le judoka : entraînez-vous beaucoup. Ou, dans ce cas, obtenez les faits et allez-y : « Je ne suis pas sûr que vous soyez tout à fait exact ici, Édouard. J'ai jeté un coup d'œil aux résultats et, en fait… » Édouard et son ego tomberont gentiment à plat. N'essayez pas de faire sortir l'égoïste de son ego ni de le culpabiliser. Tenez-vous-en aux faits et laissez-les faire le travail.

ATTENTION ════════════════════════════════

Les égoïstes sont des gens qui se sentent facilement dépréciés. Refusez-leur tout simplement votre attention, et ils se ratatineront. Est-ce ce que vous voulez ? Si l'idée est d'obtenir le meilleur des gens, un compliment par-ci par-là, l'occasionnelle tape dans le dos et de la reconnaissance de temps en temps devraient vous aider à les garder dans l'équipe, et à ce que la situation reste gérable. ═══════════

8

Gérer les gens agressifs sans recevoir un coup sur la tête

Personne n'oublie jamais où est enterrée la hache.

FRANK MCKINNEY « KIN » HUBBARD

Déterminons nos conditions : il ne s'agit pas d'apprendre l'aïkido ou le kick-boxing ; il ne s'agit pas non plus de choisir le poignard le plus approprié pour l'emporter au bureau. La brutalité et l'agression qui se termine par des coups de poing doivent être réglées par la police, la loi et les tribunaux compétents, et non par vous.

Dans le cadre de ce chapitre, nous abordons plutôt le genre d'agressivité qui sert à masquer des résultats décevants ou des comportements inappropriés. Quelquefois, les gens qui manquent de tact, tout comme ceux qui sont sarcastiques, peuvent sembler agressifs ; ils ont ce genre de conduite qui tape sur les nerfs et qui vous donne envie de leur taper dessus.

Ce n'est ni le moment ni le lieu pour faire un exposé sur la psychiatrie. Les origines de ce genre de comportement peuvent être profondément enfouies ; ne perdons pas de temps à essayer de les faire ressortir.

Ce qu'il faut, c'est accomplir ce que vous désirez accomplir et continuer d'avancer. Soyez clair à propos de vos objectifs, tenez-vous-en aux faits et attendez les résultats pour mesurer les avancées.

L'agressivité prend plusieurs formes : hypocrisie, condescendance, double jeu, sabotage, tyrannie, coups montés, critiques injustifiées, façon de déléguer jusqu'au point où vous êtes submergé. On la trouve partout.

Une réponse possible est de vous acquitter de votre travail, de vous en tenir aux faits et d'espérer que, très bientôt, le patron se rendra compte de ce qui se passe.

 P E N S E Z - Y !
Les personnes agressives sont souvent très critiques. Assurez-vous de ne pas rejeter les critiques en bloc, car elles peuvent être justes : celles émises par les clients doivent être prises en considération ; celles émanant de collègues plus jeunes valent la peine qu'on y prête attention – pensez au courage qu'il leur a fallu pour venir vous parler en face. Si vous pouvez vous faire à l'idée que les critiques sont aussi valables que les compliments, vous venez de résoudre un problème.

Si on s'acharne contre une de vos idées

Un gestionnaire agressif essaiera de vous noyer dans les détails, de vous étouffer avec des demandes de statistiques. Il vous assaillira de planifications, encore et encore, il vous terrifiera en vous expliquant pourquoi ça ne marchera jamais et quelles en seront les terribles conséquences. Voyez si vous pouvez adapter votre idée, être moins ambitieux : « Pourrions-nous au moins tester l'idée quelques mois dans un secteur, et voir ce qui se passe ? Nous pourrions ensuite l'évaluer et voir si cela vaut la peine de l'implanter partout plus tard. »

Si vous vous retrouvez avec, sur les bras, un projet qui ne verra jamais le jour

Une tactique sournoise du gestionnaire agressif est de chercher à se débarrasser d'un projet qui ne marchera pas et de vous laisser la responsabilité de son échec. Essayez d'élargir le nombre de personnes qui pourraient finir par avoir l'air stupide. « Qui sait pourquoi nous nous retrouvons avec ça. Il est évident que c'est un projet minable. Tout le monde va avoir l'air stupide : le service des finances, la direction générale, la production, les cadres intermédiaires. Peut-être devrions-nous nous réunir pour décider de ce que nous allons faire ? »

 A S T U C E

Quelqu'un d'autre ressent-il la même chose que vous ? Ayez une conversation privée avec vos collègues de confiance : « Peut-être est-ce seulement avec moi, mais je trouve André très agressif et je commence à trouver difficile de discuter avec lui. Ça t'arrive, toi aussi ? » Dénichez quelques alliés et affrontez le problème ensemble.

Si vous vous faites poignarder dans le dos

C'est le stratagème favori des patrons ou des collègues agressifs. Vous pensiez avoir leur soutien ? Vous pensiez qu'ils étaient avec vous ? Oui, ils l'étaient, du moins jusqu'à ce qu'un problème survienne. Maintenant, ils ont disparu.

Alors, que va-t-il se passer ? Il va falloir organiser une confrontation délibérée, astucieuse et bien pensée. « Je pensais que nous nous étions mis d'accord sur notre approche et que nous avions établi cinq choses à faire. Je me souviens que nous en ayons parlé. » La personne est obligée de répondre : « Non, je n'ai jamais pris d'engagement de la sorte. » C'est le moment de la récupération : « Écoutez, ce n'est pas la peine d'en discuter. Réglons ce sur quoi nous pouvons nous mettre d'accord et passons à autre chose. Qu'en est-il de… ? »

A S T U C E ══════════════════════════════════

Ne vous faites pas prendre en défaut deux fois. Ce genre de conduite est très difficile à juguler. Soyez prêt à l'éviter.

La règle : prenez des notes. Lorsque vous avez une réunion de planification, formelle ou non, prenez des notes. S'il n'y a pas de compte rendu officiel, prenez vos propres notes. Datez-les et conservez-les. La prochaine fois, s'il y a un problème, bingo ! vous n'avez qu'à présenter vos notes. Cela obligera les poignardeurs et les hypocrites à y regarder à deux fois avant de vous embêter à nouveau. ═══════════════════

9

Secouer les paresseux

Il a son diplôme de droit et un bureau meublé.
Il s'agit maintenant de le faire sortir de son lit.

PETER ARNO

Personne n'a jamais fait courir un âne plus vite en le frappant avec un bâton. Bon, quelqu'un quelque part a peut-être réussi, mais habituellement, les carottes marchent mieux.

Pourquoi les gens sont-ils paresseux? Sont-ils nés fainéants? Quelques-uns, oui.

Le travail peut aussi être routinier, monotone, fastidieux et inintéressant. Les employés qui se montrent au départ appliqués et productifs peuvent succomber à l'attrait de l'inactivité simplement à cause de la nature de leur travail. Revoyez la tâche, changez-en l'approche et, si vous le pouvez, laissez les employés donner leur opinion sur leur environnement de travail et la manière dont ils le perçoivent.

N'ayez pas peur de demander des explications aux fainéants: « Justin, vous semblez avoir des problèmes à finir vos projets à temps. Vous savez que nous comptons sur vous. Que pouvons-nous faire pour régler cela? »

La subtilité, ici, est de transformer la critique en question. « Pourquoi ne respectez-vous jamais les échéanciers ? » vous vaut souvent une avalanche de mots et une longue liste d'excuses, d'obstacles rencontrés, de réfutations. « Vous semblez avoir des difficultés à rencontrer les échéanciers ; que pouvons-nous faire pour régler cela ? » imprime une direction différente et invite à une réponse plus positive.

ATTENTION

À qui la faute ? Le personnel est-il paresseux ou, plutôt, mal dirigé ? On ne vous décernera pas la médaille du meilleur gestionnaire si les gens ne savent pas ce qu'ils sont censés faire. Avez-vous donné des instructions claires ? Ce que vous demandez est-il réaliste ? Ce qui est attendu est-il confus ?

Du personnel démotivé

Observez la façon dont les gens travaillent. Si vous le pouvez, passez un peu de temps à faire vous-même le travail. De cette façon, vous aurez une bonne idée de ce qui ne va pas et de ce que vous pouvez faire.

Que pouvez-vous changer ? L'environnement ? le processus ? les délais ? les horaires ? les matériaux ? les outils ? les appareils ? les pauses ? l'habillement ? la musique ? Dès que possible, impliquez les paresseux. Introduisez des idées pour stimuler le personnel :

• des rencontres d'équipe pour chercher des solutions ;

• des primes d'équipe ;

• des groupes d'amélioration de la qualité, appelés aussi cercles de qualité ;

• des alternances de tâches.

Les employés voient-il l'ensemble du processus ou seulement la partie qui les concerne ? Élargissez leur intérêt en leur présentant le processus dans sa totalité. Le personnel parle-t-il parfois au client ou à l'utilisateur final du processus ou du service ? Lorsque l'importance de leur rôle dans le processus est accentuée, les gens trouvent souvent une nouvelle motivation.

Un collègue fainéant qui vous ralentit

« Changez de collègue » serait une réponse commode. Ah ! Si la vie était si simple !

Vous pouvez rarement choisir les personnes avec lesquelles vous travaillez, et faire équipe avec des fainéants, des retardataires ou des rêveurs peut vous gâcher la vie.

Sont-ils tout simplement désorganisés ? Pouvez-vous les aider à mieux s'organiser ? Aidez-les à gérer leur temps. Prêchez par l'exemple. Entrer dans les détails peut être utile : préparez un horaire, une liste détaillée des aspects à passer en revue et la façon de mesurer les résultats. Assurez-vous qu'ils comprennent ce qu'ils doivent atteindre, ce qu'ils ont à faire et quel rôle ils jouent. Utilisez des étapes concrètes pour faire bouger les indolents. Rien ne marche ? « Jeanne, je veux vraiment que ce projet soit prêt à temps. Nous prenons du retard, et j'attends toujours votre contribution. Nous devrions nous asseoir et préparer un calendrier avec lequel nous sommes à l'aise afin d'être prêts à temps. »

 A S T U C E

Vous avez un collègue retardataire ? Commencez sans lui. Ignorez-le. Lorsqu'il arrive, faites-le rattraper son retard. Il apprendra vite.

Un patron atone

Retarder, hésiter, tergiverser, figer, traîner, traînasser, remettre les décisions à plus tard… Pourquoi font-ils ça ? Exaspérant, n'est-ce pas ? Il y a plusieurs raisons pour lesquelles les patrons ne font pas le poids : ils peuvent être complètement dépassés, ils manquent peut-être d'information, ils peuvent ne pas avoir les mêmes priorités que vous. Il s'agit de les aider. Ont-ils besoin du contexte, de l'historique, de recherche supplémentaire, de quelqu'un pour servir de coursier ?

Vous avez trouvé la réponse ? Faites-le pour eux. Facilitez leur prise de décision. Cela peut vouloir dire plus de travail mais, pour qu'un projet avance et aboutisse, il peut être intéressant de considérer votre travail supplémentaire comme un investissement.

Faites ce que vous avez à faire et faites-le bien. N'attendez pas de remerciements. Les patrons débordés, dépassés et submergés reconnaîtront rarement ce qui a été fait. Trouver un employé qui est prêt à faire plus, à aller un peu plus loin est leur planche de salut.

Soyez subtil, travaillez bien, et vous deviendrez indispensable. Vous courez aussi le risque d'être exploité, traité sans égards, qu'on abuse de vous… À vous de fixer les limites.

 A T T E N T I O N
Prenez soin de ne pas outrepasser votre mandat. Ne prenez pas la décision ; contentez-vous de présenter les faits et les chiffres pour que la décision puisse être prise avec le minimum d'efforts et de risques.

Une montagne à gravir pas à pas

Si les gens sont submergés par tout ce qu'ils ont à accomplir, souvent, ils renonceront, traîneront, tergiverseront et en viendront à avoir l'air paresseux (et ils le seront). La façon de résoudre ce problème est de fractionner le travail et d'établir des priorités et des échéances. Gardez le contact, gérez le projet et soyez ferme sur les échéances à respecter.

Prenez garde aux employés qui aiment paraître débordés, surmenés et dont la pile de dossiers à traiter aurait besoin de 10 hommes forts pour être soulevée. Ces gens ne sont probablement pas paresseux. Lorsqu'ils réclament votre attention, cela signifie probablement qu'ils sont en train de se noyer. Aidez-les, apprenez-leur à fixer des priorités. Découpez l'encadré qui suit et collez-le sur le babillard de votre bureau.

> **Les grandes réussites sont difficiles à obtenir.**
> **Les petites réussites sont affaire de synchronisation.**

Le scandaleusement paresseux

Il élève la paresse au rang d'une forme d'art. Il va se lamenter, supplier, pleurnicher, geindre, comploter et consacrer l'énergie que prennent 10 centrales électriques pour éviter de faire le travail.

Traitez-le comme n'importe quel autre criminel : « Désolé, Alexandre, mais j'en ai plein les bras avec tout ce que j'ai à faire. Débrouille-toi. »

P E N S E Z - Y !

Être paresseux, garder son emploi et ne pas être pris en flagrant délit est très exigeant. Cela demande de l'organisation, de la prévoyance, du charme, de l'effort, de l'énergie, de la détermination, de l'intelligence, de l'originalité, de la ruse et du jugement, toutes choses nécessaires pour réussir et être un employé modèle. Peut-être n'y a-t-il pas d'employés paresseux, seulement de mauvais patrons ?

10

Déjouer les tyrans à leur propre jeu

Il n'y a rien d'indigne à aimer ses ennemis, mais il est dangereux de le faire.

BERNARD LEVIN

Regardons les choses en face : Attila le Hun s'activait, Gengis Khan voyait du pays. Mais travailler pour l'un ou l'autre n'était pas exactement une partie de plaisir.

Les patrons, du moins certains d'entre eux, pensent que le meilleur patron est celui qui crie le plus fort, claque les portes et effraie tout le monde. Ils voient à la télévision des patrons qui crient et ils lisent des magazines à sensation où ceux-ci jaillissent des pages et saisissent le personnel à la gorge.

Les tyrans veulent la bagarre et ils adorent les victimes. Si votre patron est un tyran, ne vous disputez pas avec lui et ne vous positionnez pas non plus en victime.

Les tyrans deviennent des tyrans parce qu'ils en sont venus à croire qu'ils peuvent agir ainsi sans être inquiétés et parce qu'ils n'ont pas d'autre technique de gestion. Manque de savoir-faire et de perspicacité, insécurité et incompétence transforment les mauvais patrons en patrons tyranniques.

P E N S E Z - Y ! ════════════════════════

Les tyrans ont besoin d'une victime, mais pourquoi est-ce vous ? Vous avez besoin d'un emploi ? Évidemment, nous en avons tous besoin. Vous avez des factures à payer ? Oui, bien sûr. Mais vous n'avez qu'une vie. Ne la passez pas à avoir peur. Si vous avez tout essayé et que la vie au travail continue à être un enfer, que faire ? Ne devriez-vous pas tranquillement, discrètement et résolument chercher un nouvel emploi ? ════

Le déluge de décibels

Que faire avec celui qui hurle, qui insulte, qui tape du poing sur la table ? Restez calme, impassible et objectif : « Je sais que vous êtes inquiet à ce sujet, et évidemment il faut régler ça, mais vous fâcher contre moi ou m'injurier ne résoudra pas le problème. C'est très désagréable, et ça ne me fera pas mieux travailler. »

C'est ce qui s'appelle aller droit au but.

Étape suivante ? Le patron aura besoin de trouver une manière de s'en sortir, alors attendez-vous à une longue tirade, moins intense toutefois, et à de l'autojustification, du genre : « Tant que vous comprenez l'importance de tout ça, je… » Répondez-lui : « Oui, je comprends que ce soit important, alors concentrons-nous sur les problèmes. Quelle est la première étape à franchir ? »

Les patrons tyrans imitent souvent un comportement – celui de leur patron. Si le patron de votre patron est un tyran, il y a des chances que votre patron en devienne un. Ce type de comportement sera accepté et fera partie de la culture de l'entreprise ; dans ce cas, faire appel à une autorité supérieure sera probablement une tactique infructueuse.

Que faire ? Tout simplement trouver un autre emploi et laisser un autre bozo prendre le relais. Vous n'avez pas besoin de ça. Vous valez davantage.

Lorsque vous ne pouvez rien faire de bon

Vous avez tout fichu en l'air ? Admettez-le, ne vous esquivez pas, excusez-vous et offrez de corriger les choses. C'est une question de bon sens.

Êtes-vous accusé à tort ? Alors, essayez ceci : « Vous devez être informé des trois faits suivants : le travail n'est pas terminé parce que 1, …2, …3, … »

Quand rien ne réussit

Le patron a perdu son sang-froid. Ses cris peuvent être entendus dans toute la ville, et le reste du personnel a couru se mettre à l'abri. Que faites-vous ? Vous tremblez, vous reculez, vous vous cachez, vous vous faites tout petit ? Dommage. Vous allez voir le patron du patron ? Risqué. Vous le frappez avec l'agrafeuse du bureau ? lui assenez un coup de règle sur la tête ? Le fantasme est agréable, mais poser le geste vous mènera en prison, et le tyran ne vaut pas quelques années de votre vie.

Soyez d'un calme olympien et essayez cela : « Monsieur Beaumont, asseyez-vous/restez assis et réfléchissez. » Je parie que monsieur Beaumont se taira. Continuez : « Vous êtes fâché et je comprends pourquoi, mais vous n'avez pas le droit de me parler de cette façon. Parlez-moi de façon correcte et nous pourrons régler le problème. » Puis taisez-vous, restez aussi neutre et calme que possible, et attendez. Monsieur Beaumont devra reculer.

Ne restez pas sur place, vous transformant ainsi en victime. Sortez de la ligne de tir, et faites-le sans rejeter la responsabilité sur qui que ce soit, sans proférer d'accusation ni de reproche. Dites : « Bruno, je vous verrai plus tard », et partez. Sortez de là. Les tyrans ont besoin de victimes et de spectateurs.

A S T U C E

La pire des choses que vous puissiez dire à quelqu'un qui est sorti de ses gonds, c'est : « Calmez-vous. » Il vous rétorquera en criant : « Je suis calme ! » Essayez de vous concentrer sur les problèmes et non sur le comportement.

Le collègue explosif

Qu'est-ce qui met le feu aux poudres ? Une minute, il est doux et c'est très agréable de travailler avec lui et, la minute suivante, il s'emporte. Pouvez-vous détecter ce qui l'a fait exploser ? Si vous le pouvez, n'abordez plus ce sujet.

Lorsque l'explosion retentit, observez ces quatre règles d'or :

• Ne portez pas d'accusation, cela jetterait de l'huile sur le feu.

• Ne dites surtout pas : « Calmez-vous ! » Cela ne fera qu'envenimer les choses.

• Ne prenez pas part au débat, vous ne feriez que le prolonger.

• Ne restez pas dans la ligne de tir, c'est dangereux.

Lorsque la poussière retombe, ne revenez pas sur l'explosion de colère. Allez de l'avant : « Je sais que c'est important. Réglons cela ensemble parce qu'ensemble, nous avons plus de chance de réussir. »

P E N S E Z - Y ! ══════════════════════════════

Vous vous sentez effrayé ? Si tel est le cas, il y a des chances qu'effectivement on vous effraie. Ce genre de peur est insidieuse. Demandez-vous pourquoi vous vous sentez effrayé. Vous sentez-vous anxieux, incompétent, pas à la hauteur ? Avez-vous quelque chose à cacher ?

La façon dont nous réagissons aux autres commence en nous-mêmes. Si nous acceptons d'être une victime, nous le serons. Si nous laissons les autres nous bousculer, ils le feront.

Si vous êtes compétent, si vous donnez le meilleur de vous-même, il n'y a aucune raison que vous vous sentiez effrayé. Mais n'attendez pas que la logique joue un rôle dans cette équation de relations humaines. Les tyrans ne sont pas logiques : ils sont opportunistes et imprévisibles. Vos défenses, ce sont votre talent, votre savoir-faire, votre patience et votre calme sous le feu de l'ennemi. Évitez les émotions et fixez votre attention sur les faits. Éloignez-vous de la passion et suivez un plan. ═════

11

Brider les rouspéteurs, les geignards et les détracteurs

Ne faites pas attention à ce que disent les critiques.
On n'a jamais élevé de statue à un critique.

JEAN SIBELIUS

Dans un monde parfait, nous serions tous parfaits et il n'y aurait rien à redire, aucun motif de récrimination, et rien à critiquer. Tel qu'il est aujourd'hui, nous ne vivons pas (encore) dans ce monde idéal ; les choses iront plus ou moins mal, il y aura des cafouillages, des erreurs et des bévues. Attendez-vous donc à rencontrer des rouspéteurs, des geignards et des détracteurs.

La critique constructive, formulée avec sincérité et dans le souci d'améliorer les choses, n'est pas une mauvaise chose. Quelques patrons vont toutefois trop loin, essentiellement parce qu'ils ne sont pas de très bons patrons. Mais qui l'est ?

Faites face rationnellement à un patron critique

Si vous avez affaire à un patron critique, votre meilleure défense est de vous en tenir aux faits. S'il bougonne, présentez vos notes, les mémos, le travail, la facture, le plan, le compte rendu des réunions. Comme le disent les détectives des séries policières : « Je m'en tiens aux faits, m'ssieurs-dames. »

Si les faits ne vous donnent pas raison, admettez l'erreur, offrez de les corriger et acceptez de prendre les mesures pour vous assurer que cela ne se reproduira pas. Si vous avez un patron geignard et que vous savez qu'il y a eu cafouillage, la meilleure stratégie est d'en parler le premier. Faites preuve d'initiative et admettez les faits : « Je ne sais pas vraiment comment c'est arrivé, et nous devrons y jeter un coup d'œil pour déterminer cela, mais la publicité de BCD est en retard. Puis-je suggérer que nous prenions telle mesure pour redresser la situation, voir comment cela est arrivé et faire le nécessaire pour s'assurer que ce genre de choses ne se reproduise plus ? Je suis vraiment désolé. »

Il se peut que vous encouriez un blâme, mais cela peut vous éviter d'être congédié.

 ATTENTION

Les patrons trop sérieux peuvent tomber dans le piège de tenir les bons résultats pour acquis et de multiplier les interventions lorsque les choses vont mal. Ne soyez pas ce genre de mauvais patron. Essayez de ne pas en faire trop.

Tentez d'apaiser les inquiétudes, de combattre le pessimisme

Il n'y a pas que les patrons qui peuvent être pénibles. Vos collègues peuvent essayer de dénigrer vos idées. Essayez d'avoir avec eux une petite conversation privée, et vous saurez ce qui les a rendus négatifs. Réfléchissez-y et ajoutez ces éléments à l'équation ; essayez de contourner ce négativisme.

Les gens négatifs sont souvent des gens anxieux qui ne sont ni inventifs ni créatifs. En face de gens inventifs et créatifs, ils prennent conscience de leurs propres limites et essaient de gommer la différence en écartant les idées avancées. Essayez de partager vos idées avec eux. Offrez-leur de partager la responsabilité d'un projet que vous voulez faire adopter.

Essayez de construire des alliances, des coalitions et des relations

Diffusez vos idées auprès de vos collègues, recherchez des avis, des défenseurs et des alliés. Ralliez vos amis et obtenez des avis positifs avant d'impliquer les grognons. Assurez-vous de révéler vos idées lorsque vos sympathisants sont là. Les rouspéteurs et les geignards disparaissent souvent lorsqu'ils s'aperçoivent qu'ils n'ont pas d'alliés.

Les critiques sont contagieuses. Ajoutez-leur la capacité d'une entreprise à créer des rumeurs, et vous aurez vite affaire à une épidémie. Si la critique est fondée, ne la contournez pas : prenez-en acte et gérez-la, puis informez-en les autres. Sinon, essayez de vous gagner celui qui critique : « Damien, je sais que vous avez vos propres opinions sur la question, donc avant d'en parler à tout le monde, je voudrais savoir ce que vous en pensez. »

Adopter cette approche peut vous donner deux chances : vous saurez quels sont les arguments de votre interlocuteur et vous pourrez vous préparer ; vous pouvez également vous retrouver avec un allié !

 P E N S E Z - Y !
Vous n'êtes pas enthousiaste à l'idée de partager une idée ? Ne vaut-il pas mieux renoncer à une partie des louanges pour pouvoir la mettre en œuvre ? En partageant la paternité d'une idée, on permet qu'elle prenne corps.

Réagir aux phrases ravageuses

Certaines paroles n'aident pas à faire avancer les choses. Essayez d'y répondre avec tact. Voici des suggestions.

• *Ça ne peut pas réussir.*

« Je suis désolé de l'apprendre. Expliquez-moi pourquoi vous dites ça. Comment pouvez-vous être sûr que ça ne marchera pas ? »

• *Nous avons déjà essayé et ça a été un véritable gâchis.*

« Oui, je sais. J'ai regardé le projet YZ, et nous avons fait en sorte d'éviter les pièges qui ont bloqué cette équipe. Laissez-moi vous expliquer dans quelle mesure c'est différent cette fois-ci. »

• *Pourquoi nous préoccuper de ça ?*

« Cette approche permet d'économiser de l'argent/du temps/des efforts/ donne de meilleurs résultats/est plus rapide/plus approfondie. (Vantez-en les bénéfices.) Laissez-moi vous expliquer comment… »

• *Nous ne faisons pas ce genre de choses.*

« Je sais, mais je pense que nous devrions commencer. Laissez-moi vous expliquer pourquoi. »

Lorsque les détracteurs retournent leur arme contre eux

Un personnel ayant peu de confiance en lui sera souvent autocritique. Il semble penser qu'il est plus facile de se critiquer soi-même avant que d'autres ne le fassent. Si vous êtes le patron et que vous avez ce genre d'employés, vous devez réagir. Le personnel est le plus grand avantage d'une entreprise, quelle qu'elle soit. Il est vital qu'il soit motivé, confiant et stimulé. Prenez chacun de ces employés à part et dites-leur : « Il est vraiment très dommage de vous entendre parler de cette façon. Vous êtes très compétent/loyal/énergique, vous avez de l'expérience/enthousiasme…, et je déteste vous voir gâcher tout cela. Vous faites du bon travail. Voilà ce que j'en pense ; maintenant, à vous de jouer. »

 P E N S E Z - Y !

Les employés peuvent se dénigrer dans l'espoir que quelqu'un viendra leur dire qu'ils font vraiment du bon travail. Ne vous laissez pas emboviner. Tenez-vous-en à ceci : « Je pense que nous savons tous deux quelle sorte de travail vous faites. Si je ne pensais pas que vous étiez suffisamment bon, vous ne seriez pas dans ce service/dans cette équipe. Concentrons-nous donc sur les faits. »

12

Distribuer le bon rôle
aux perfectionnistes

Les Américaines espèrent trouver la perfection dans leur mari,
à l'inverse des Anglaises, qui se contentent
de chercher la perfection dans leur majordome.

SOMERSET MAUGHAM

Les entreprises prospères, pour bien fonctionner, ont besoin de différentes sortes de personnalités. Qu'une tâche soit complétée, un plan réalisé ou un projet terminé dépend généralement de la contribution du perfectionniste, du maître des détails, peut-être même du pointilleux. Pour l'extraverti, la présence d'un perfectionniste peut être insoutenable, mais le fait est que nous avons besoin de lui.

C'est lorsque le pointilleux devient pinailleur, inflexible, rigide et obstiné que nous avons quelqu'un de malcommode à gérer. Souvent, les pointilleux ne réalisent pas qu'ils sont malcommodes. Selon eux, les détails, les règles et les règlements sont les éléments qui structurent les entreprises. Ils cacheront un manque de vision ou de créativité derrière un processus, parfois la loi, et toujours un ensemble de mémos et de notes.

Pourquoi devrait-il y avoir une section réservée aux perfectionnistes dans un livre consacré aux gens malcommodes? Dans un monde où tout le monde court partout et fait les choses à moitié, ne devrions-nous pas essayer de trouver un peu plus de perfectionnistes?

Je répondrai oui et non. Nous avons besoin de l'implication du perfectionniste pour fignoler le détail et aller au plus près; nous pouvons l'utiliser pour rester dans le droit chemin. Mais nous pouvons nous passer de sa vision étroite, de son inflexibilité et de son obsession pour le règlement. Nous avons besoin qu'il se relâche un peu: «La façon dont vous arrivez à gérer tous ces détails est pour moi un mystère. Toutefois, que quelqu'un le fasse est important. Mais, à la vérité, sur ce projet nous avons un délai très serré et beaucoup d'efforts à faire pour terminer. Cette fois, je ne m'inquiète pas trop des détails; nous avons seulement besoin d'accélérer.» Cela peut être plus efficace que de dire: «Vous, le prétentieux, vous ne voyez pas que vous retardez le processus?»

 A T T E N T I O N

Pour battre les perfectionnistes à leur propre jeu, il faut que vous vous engagiez à arriver à un travail parfait. Ce que vous faites est-il aussi bon qu'il pourrait l'être? Il ne sert à rien de faire affaire avec un perfectionniste ailleurs que dans la sphère hautement morale. Il peut même en venir à vous admirer parce que vous semblez faire partie de la même famille que lui.

Ce qui enthousiasme un perfectionniste

De façon surprenante, ce ne sont ni les détails, ni les mesures, ni les règlements qui motivent un perfectionniste. Celui-ci est stimulé par l'accomplissement et la réussite. Il se fixe la barre haut ce qui, souvent, cause sa perte: il est tellement attaché à bien faire qu'il en perd la vue d'ensemble. Rester fixé sur la situation générale et le rôle qu'il joue peut l'aider à se relâcher. «Pierre, si vous continuez à vérifier les mesures trois fois/revérifier les entrées dans le grand livre/tester le logiciel plus d'une fois, nous ne dépasserons pas le budget, mais nous ne pourrons respecter la date de livraison. Que pouvez-vous faire pour nous aider ? »

A S T U C E

Les perfectionnistes peuvent s'égarer dans leur propre monde et perdre toute notion de temps et d'échéance. Aidez-les avec une formation sur la gestion du temps. Montrez-leur à diviser le travail en plusieurs tâches et à établir des échéances pour chaque tâche. De cette manière, ils accroîtront leur sentiment de réussite en ayant non seulement fait le travail, mais en l'ayant rendu à temps.

Ce qui aide un perfectionniste

Chaque entreprise doit avoir ses règles. Sans elles, c'est le chaos. Toutefois, c'est par leur originalité et leur spontanéité que les entreprises réussissent. Pouvez-vous être créatif à *l'intérieur* de ces règles ? Oui, vous le pouvez, mais parfois, vous devez être créatif *avec* les règles. Les soldats suivent les règles et les ordres, mais la plupart des actes de bravoure et de courage ont été accomplis dans des situations où les règles n'avaient pas été établies, ou encore alors qu'elles ne tenaient plus. Aujourd'hui, un patron n'est rien s'il n'est pas créatif.

Le perfectionniste a besoin d'avoir l'autorisation d'être moins parfait : « Pierre, vous savez ce que nous avons budgété pour cela, et je ne veux pas aller plus haut. Toutefois, nous devons livrer à temps, et avec moins de 1 % de défectuosités. Si cela signifie que nous devons légèrement négocier sur le prix, alors faites-le. Je fais confiance à votre jugement et je sais que vous ferez au mieux. »

P E N S E Z - Y !

Les perfectionnistes qui connaissent leur métier peuvent être de véritables plaies ou d'excellentes ressources. Cela dépend de vous !

Le patron perfectionniste

Il s'attend à vous voir faire de longues heures, à un grand engagement, à du sang, de la sueur et des larmes. Déléguez une partie du travail, si vous le pouvez. Si c'est trop, dites-le : « Monsieur, je sais la place que vous accordez à l'exactitude et au respect des délais de livraison, mais la charge est trop grande pour que je puisse vous promettre de vous donner les deux, ou même l'un des deux. Pouvons-nous regarder s'il est possible de fractionner le travail ou d'obtenir de l'aide ? »

13

Manipuler les manipulateurs

Les tragédies sont de deux ordres :
nos malheurs et la chance des autres.

AMBROSE BIERCE

Quand la gestion devient-elle manipulation ? Quelle est la différence entre motivation et manipulation ? Quand manœuvrer devient-il manipuler ? Le dictionnaire nous donne un indice :

> **Manipuler : 1. Tenir un objet dans ses mains lors d'une utilisation quelconque ; manier. 2. Manœuvrer un appareil, le faire fonctionner avec la main. 3. Tenir qqch à la main ou avec un instrument pour le soumettre à certaines opérations. 4. Transformer par des opérations plus ou moins honnêtes ; trafiquer. 5. Amener insidieusement quelqu'un à tel ou tel comportement, le diriger à sa guise ; manœuvrer.** *(Le Petit Larousse illustré 2010)*

Manipuler des produits chimiques revêt évidemment un autre sens, comme le fait de manœuvrer un appareil ou de tenir un objet, ou encore de trafiquer des statistiques, mais « amener insidieusement quelqu'un à tel ou tel comportement, le diriger à sa guise, manœuvrer » correspond à ce dont je traite ici.

Dans le monde du travail, comment pouvez-vous éviter la manipulation ? Ce monde est sans pitié, mais lorsque l'intention, la gestion et les manœuvres deviennent injustes ou déloyales, il faut réagir.

La première règle à observer est de ne pas essayer de dominer en manipulant le manipulateur encore plus habilement. Il vaut mieux aborder le problème de front. Agir autrement vous entraînerait dans le monde complexe de la conspiration, du complot et de l'intrigue. De toute façon, vous n'en avez pas le temps. Traitez le problème et allez de l'avant.

Vous êtes manipulé par le patron ? Voilà qui est délicat. Essayez cela : « Monsieur, je sais que vous êtes quelqu'un de juste, mais ce que vous avez décidé m'a causé un gros problème. » Faire appel au meilleur de lui a plus de chances d'être efficace que de vous plaindre de la manipulation.

Si vous risquez de vous voir accusé d'une faute

Situation classique ! Votre patron, un collègue ou même un de vos employés cherche un bouc émissaire. Que celui qui ne s'est jamais trouvé dans ce genre de situation lève la main.

Un projet commence à mal tourner, et tout le monde cherche à se débarrasser du problème. Malheureusement, au début du projet, vous avez montré beaucoup d'enthousiasme et d'optimisme (ou pire, vous l'avez écrit dans un courriel), et vous pensiez alors que c'était une excellente idée. Trois mois plus tard, c'est la catastrophe…

Tout à coup, sans crier gare, c'est devenu « votre projet », ça devient « votre faute » et ça deviendra « votre responsabilité ». Horreur ! Qu'arrivera-t-il ensuite ? Vous pouvez essayer : « Vous n'êtes en train de suggérer que tout ceci est de ma faute, j'espère ? » Esquivez-vous. Défilez-vous.

Je doute toutefois que cela suffise. Voici une suggestion plus intéressante : « Nous étions 12 personnes impliquées, et 2 services. Oui, c'est vrai, tout me semblait correct au départ, mais il y a eu beaucoup d'autres personnes impliquées dans le projet, y compris la direction régionale. Le recul est une bonne chose. Peut-être ferions-nous mieux d'arrêter de chercher un responsable pour plutôt commencer à trouver des solutions. »

Cette approche est bien meilleure, et elle montre que vous ne prendrez pas le blâme. Soit vous tombez tous, soit vous réglez le problème tous ensemble.

 A T T E N T I O N ═══════════════════════

Il n'y a qu'un pas entre les menteurs et les manipulateurs, et il n'est pas très grand. Ceux qui manipulent non seulement leurs collègues mais aussi la vérité sont faciles à gérer. Tenez-vous-en aux faits, aux rapports, aux comptes rendus et aux données. Et n'accusez personne d'être un menteur. Pour vous ce que vous en savez, ces gens sont confus, mal informés, pas au courant et ont peut-être manqué de vigilance. Laissez les autres les traiter de menteurs. De cette façon, vous vous ferez des alliés, pas des ennemis. ═══════════════

L'important, c'est d'opposer une réfutation, et de faire vite. De cette façon, vous éviterez d'être la cible des inévitables rumeurs qui sont le lot des entreprises, surtout en cas d'échec retentissant.

Les mensonges sont des manipulations, et ils ne viennent pas toujours sous la forme la plus limpide ; ce peut être de pieux mensonges, des demi-vérités, des omissions partielles. Quelle que soit la façon dont vous l'appelez, si ce n'est pas la vérité, toute la vérité et rien que la vérité, c'est dangereux.

Traitez une demi-vérité comme s'il s'agissait d'une omission ou d'une erreur. Le menteur saura ce que vous êtes en train de faire, et les autres penseront que vous êtes vigilant. « Laurence, ce que vous dites est exact, mais je pense que vous avez oublié de mentionner que le client a précisé qu'il voulait la couleur bleue dans le premier paquet. »

Évitez d'être catégorique, du genre : « Laurence, vous avez omis de préciser la préférence du client dans votre rapport. Avez-vous fait cela pour que mon service ait l'air de ne pas savoir ce qu'il fait ? » Cela peut être vrai, mais risque de créer des frictions et des contrariétés. Fixez votre attention sur les faits.

 P E N S E Z - Y !
N'est-il pas étrange de voir comment les situations et les gens difficiles sont neutralisés par les faits ? Je parie que vous êtes content d'avoir gardé des notes !

Marché conclu !

Ce pourrait être la chance de votre vie, ou alors on vous manipule. À vous de voir ! Vous devrez conclure le marché pour le découvrir. Il est raisonnable de penser que les gens avec lesquels vous traitez sont honnêtes, mais si cela semble trop beau pour être vrai, vous avez sûrement raison. Souvenez-vous que, pour conclure un marché avec succès, il faut que chacun y trouve son compte. Analysez les choses de votre côté, évidemment mais, plus important encore, examinez aussi le marché du point de vue de l'autre partie : qu'est-ce qui est en jeu pour vous ? et pour eux ? Si le marché semble être profitable seulement pour vous, revoyez-le encore !

Les promesses orales ne valent rien. Les manipulateurs se considèrent comme des négociateurs. Si l'entente implique votre promesse de faire quelque chose qui dépend de l'implication d'un tiers, que se passera-t-il si ce dernier ne fait pas sa part ? Serez-vous coincé, abandonné à vous-même, l'air penaud ?

La première règle d'or : si c'est positif pour le projet, faites-le. En cas de doute, ne bougez pas.

Seconde règle d'or : conclure un marché exige des procès-verbaux, des comptes rendus, des accords. Ils n'ont pas besoin d'être formels, par exemple :

> **L'objectif de ce mémo est de formaliser ma compréhension de ce qui a été accepté à la réunion du... Jean a accepté de faire..., alors que ce sera moi qui me chargerai de..., et le tout sera rendu le...**

Ce peut être suffisant. Le but n'est pas d'avoir un papier à présenter devant un tribunal mais de signaler à tout manipulateur potentiel que vous êtes vigilant et que vous ne vous laissez pas facilement faire.

Si vous êtes facilement flatté

Quelle personne fantastique vous êtes ! Bien sûr que vous l'êtes. Nous le sommes tous ! Avez-vous jamais entendu ceci : « Tu es tellement bon pour faire des présentations PowerPoint, voudrais-tu m'en préparer une pour ma présentation de demain ? » Et vous voilà, debout jusqu'au petit matin pour créer un chef-d'œuvre. Manipulé par un maître. Vous auriez dû essayer : « Merci du compliment, Marie, mais je trouve que faire une présentation est personnel ; tu seras plus confiante et tu feras une meilleure présentation si tu prépares la projection toi-même. Si tu veux me la présenter lorsque tu auras terminé, je serai heureux de t'aider à la finaliser. »

Maintenant, vous pouvez passer la soirée à faire ce qui vous plaît.

 ATTENTION

Si vous pensez que vous êtes manipulé ou qu'on veut vous tasser, c'est probablement vrai. Les bons manipulateurs trouveront tous les moyens possibles pour camoufler ce qu'ils font sous les flatteries et les compliments. Faites confiance à votre instinct. Si quelque chose ne vous semble pas correct, ne le tolérez pas. Creusez un peu cette impression et posez quelques questions ; pourquoi, quand, qui, quoi et où peuvent vous aider à démarrer.

Si vous êtes flatté par votre équipe

Vous savez que vous êtes un patron de rêve et, de temps en temps, ça fait plaisir de se l'entendre dire. Mais méfiez-vous des flatteurs qui se servent de leurs charmes pour obtenir de vous les tâches faciles ou pour que vous fermiez les yeux sur leurs défauts. Essayez ceci : « Merci, Sylvia. Ça fait plaisir d'être apprécié. Mettons-nous au travail. »

Flatteur, flagorneur, lèche-bottes, complimenteur : aucun de ces adjectifs n'est gentil, et vous pouvez vous débrouiller sans y avoir recours. Attention aussi aux sous-entendus qui peuvent accompagner la flatterie. Les problèmes au travail incluent des accusations de comportement inapproprié et peuvent signifier avoir maille à partir avec le politiquement correct. S'il semble qu'il y ait un problème, confiez-vous à votre patron. Si vous êtes le patron, parlez-en à un cadre d'échelon supérieur ou à un avocat.

14

Faire bouger les entêtés

Il suffit que la raison humaine ait plus de volonté que le destin.

THOMAS MANN

Lorsqu'un objet fixe rencontre une force insurmontable, attendez-vous à un bang.

Les gens qui suivent leur chemin de manière obstinée, tenace et récalcitrante, vous les adorez, n'est-ce pas ? Pour les faire bouger, vous n'avez pas trop le choix : utilisez un levier appelé « les faits ». Dans la plupart des situations, c'est l'allié le plus précieux que vous puissiez trouver. Pour faire bouger les entêtés, il n'y a rien de tel. « Marie-Odile, je sais que vous n'aimez pas faire affaire avec un nouveau distributeur, mais en lisant ce rapport, j'ai découvert une nouvelle collection de produits. Ils sont 5 % plus efficaces, viennent dans un format de conteneur d'entreposage beaucoup plus pratique et sont 10 % moins chers. Pensez-vous que nous devrions nous faire livrer des échantillons ? »

 A S T U C E

Vous avez de la difficulté à faire bouger les entêtés ? Essayez de trouver des alliés. Mettez-vous en position de pouvoir dire : « Alex, j'ai montré cela à tous ceux auxquels je pouvais penser à la direction commerciale,

à la production, au marketing et à la comptabilité, et tous m'ont dit que c'était vraiment une bonne idée. J'apprécierais vraiment si tu pouvais me donner ton avis. »

Pourquoi une personne se montre-t-elle entêtée ? Est-elle mal à l'aise ? Essaie-t-elle de cacher un échec ou une erreur quelconque ? Est-elle incapable de gérer un changement dans sa façon de travailler ? Peut-être ne fait-elle pas le poids ? « Dominique, vous vous braquez, et ça ne vous ressemble pas. Y a-t-il un problème que j'ignore ? »

Avant de donner un travail à faire à quelqu'un, vous gagneriez à vous assurer qu'il est parfaitement à l'aise avec ce que vous lui demandez : « C'est un gros travail, et je veux être sûr que cela ne vous pose pas de problème de vous en charger. »

Lorsque le client s'entête

Vous avez un client entêté ? Il insiste pour avoir tel ou tel produit alors que vous savez pertinemment que ça ne conviendra pas ? Jusqu'où va votre honnêteté ? Avez-vous le goût du risque ? Selon votre réaction, vous pouvez perdre la vente ou vous faire un ami pour la vie. Prêt ? Allons-y : « Monsieur William, je suis dans cette entreprise pour vendre des produits, et si vous voulez le produit X, je vous le vends sans problème. Mais la performance que vous recherchez entraînera une surchauffe pour le produit X, et dans trois mois il sautera. Le produit Y est, quant à lui, tout à fait adapté à ce que vous faites, et je serais beaucoup plus à l'aise de vous vendre celui-là. Voulez-vous que je vous le montre ? »

Vous avez fait tout ce que vous avez pu !

15

Utiliser les critiqueurs et les pinailleurs

*Il n'y a chez lui absolument rien de mauvais
qu'un miracle ne puisse arranger.*

ALEXANDER WOOLLCOTT

Comment réagir à un critiqueur ? Réponse : ne vous permettez aucune erreur. Si seulement c'était aussi facile !

Lorsque le personnel est fier de ce qu'il fait, le critiqueur mesquin qui rouspète dans son coin peut être une véritable source de déprime. Il vous faut vraiment tuer dans l'œuf ses interventions déplacées. «Fiona, je veux que vous ayez bien à l'esprit que le service tout entier a mis beaucoup d'efforts dans la réussite de ce projet. Je pense qu'une grande partie du personnel trouve vos constantes critiques vraiment difficiles à supporter. Je veux que vous me fassiez une liste de ce qui vous semble mal aller et que nous en parlions ensemble. Occupons-nous de ce qui mérite d'être critiqué pour que cela cesse d'être un obstacle. »

Vous pourriez essayer de faire prendre conscience au critiqueur de ce qui est bien et du fait qu'il peut aider à améliorer les choses : «Frédéric, je sais que ce n'est pas parfait, mais nous avons réussi à éliminer 90 % des défauts de fabrication et des réclamations de garantie. Que pensez-vous que nous devrions faire pour nous améliorer encore davantage ? »

 A S T U C E

Des critiqueurs créatifs, cela existe vraiment ? Bien sûr. Utilisez-les. Ce sont souvent les champions du détail, et ils peuvent être amenés à utiliser leurs talents de façon créative : «Christine, je sais que vous avez beaucoup critiqué ce projet, et vous y avez décelé un certain nombre d'erreurs. Je veux que vous regardiez attentivement le programme avant que nous ne le soumettions et que vous notiez tout ce qui peut vous sembler ne pas convenir. »

Un patron pinailleur

Pour gérer les critiques généralisées du genre «Ça ne peut pas marcher », demandez à votre patron d'être plus précis. «Monsieur, je note que vous n'êtes pas satisfait de mon travail, mais pour que je puisse redresser les choses, j'ai besoin que vous soyez plus précis. »

Suscitez la critique et essayez de rester ouvert. Concentrez-vous sur les détails qui ne marchent pas, et amenez votre patron à aborder ces éléments dans le contexte global du travail. Tout n'est sûrement pas mauvais, n'est-ce pas ?

Votre patron est plutôt sarcastique ? C'est moche. Le sarcasme serait la forme la plus basse d'esprit mais la plus haute forme d'intelligence ? C'est ce qu'on dit. N'en croyez rien. Ne riez pas lorsque le patron dit d'une collègue : « Regardez-la, elle essaie d'être le service de relations à la clientèle à elle toute seule ! » Répondez : « Je pense que Marie se débrouille très bien avec les clients ; elle essaie vraiment de les satisfaire. De toute façon, que serions-nous sans les clients ? »

Des collègues pinailleurs

S'asseoir à côté de collègues critiqueurs fait paraître la journée plus longue. Le truc est de ne pas les éviter ni de les ignorer. La bonne approche à adopter est plutôt de se rapprocher d'eux. Demandez-leur leur opinion aussi souvent que vous le pouvez. Lorsqu'ils commencent à récriminer et à trouver à redire sur tout, posez-leur des questions. Allez au fond des choses, demandez-leur d'abord ce qu'ils pensent, puis de justifier leur opinion avec des faits précis. Je suis prêt à parier qu'ils n'auront pas beaucoup de faits à fournir !

Plus vous approfondirez, moins ils trouveront à redire. Les critiqueurs sont souvent mauvaise langue sans vraiment réfléchir. Cela devient une habitude, un état d'esprit, et c'est superficiel. En leur posant des questions, vous les faites réfléchir. Cela demande des efforts, et ils laisseront tomber assez rapidement.

Le côté positif de cette façon de faire est que, en creusant, vous pourriez trouver les germes de critiques utiles que vous pourrez utiliser pour améliorer votre façon de travailler.

Les gens qui cherchent la petite bête, se plaignent et bougonnent peuvent être débarrassés de cette attitude en étant impliqués dans la résolution des problèmes qu'ils critiquent. « L'éclairage du stationnement ne sert à rien » mériterait la réponse suivante : « Lucie, je pense la même chose. Je voudrais que vous étudiiez la faisabilité et les coûts de son amélioration. Pourriez-vous me faire quelques propositions dans ce sens d'ici la fin de la semaine prochaine ? »

Cette approche occupe le critiqueur, le fait taire pendant un moment, le fait se sentir important et solutionne le problème de l'éclairage !

 A S T U C E

Si vous êtes quelqu'un de positif, vous essaierez probablement de vous débarrasser des critiqueurs. Essayez une autre tactique : « Charles, j'apprécie vraiment ce que vous avez dit sur ce travail. J'ai bien pris note de ce que vous avez suggéré et je pense que vous m'avez aidé à faire un meilleur travail. » Vous voyez, maintenant vous avez un supporteur !

16

Calmer les gens qui hurlent et les impolis

Gérer les gens qui hurlent

Ah ! un bon gros hurlement, n'est-ce pas agréable ? Les bébés hurlent tout le temps, juste pour attirer votre attention, et ça marche.

Les gens qui hurlent sont de toutes sortes : clients, collègues, patrons, voisins, adolescentes. La solution est la même pour tous : vous pouvez, par exemple, prendre ce livre et leur lancer en pleine tête...

Mais non ! Surtout pas ! Vous devez à tout prix vous contrôler ! En fait, la première règle avec une personne qui hurle est de ne pas se joindre à elle. N'entrez pas dans le jeu de celui qui crie le plus fort. Ceux qui hurlent sont immatures et ils ne le feraient pas s'ils voyaient à quel point cela leur donne l'air idiot.

Comme tous les enfants, les gens qui hurlent le font pour attirer l'attention, donc accordez-la-leur. Écoutez-les et laissez-les crier. Laissez les accusations, les insultes, les insinuations, les injures et les grossièretés vous glisser dessus. Laissez éclater ceux qui hurlent. Lorsqu'ils se fatiguent et s'arrêtent pour reprendre leur souffle, intervenez et dites quelque chose.

Ce qui est important ici, c'est de choisir le bon moment. Vous ne ferez pas taire quelqu'un qui hurle mais vous pouvez attendre qu'il s'essouffle. Donc, choisissez ce que vous considérez être le bon moment et dites : « Pouvons-nous parler de ce qui ne va pas ? Aidez-moi à comprendre… (et abordez les problèmes). » Il se peut que ça ne marche pas à la première tentative. Laissez passer le moment de colère suivant et essayez à nouveau. Continuez, parce que c'est la seule façon de faire.

 A S T U C E
Une façon de faire descendre des rideaux ceux qui hurlent est de parler un ton plus bas que celui que vous utilisez habituellement. Ils devront alors se taire, faire attention et écouter.

Au téléphone

Même si la conversation prend une mauvaise tournure, ne raccrochez jamais au nez de votre interlocuteur. Si vous le faites, vous avez deux problèmes à régler : le motif de la colère de votre interlocuteur, quel qu'il soit, *et* surmonter le fait d'avoir raccroché brutalement. Vous pouvez raccrocher, mais en disant auparavant : « Je dois y aller maintenant, mais je vous rappelle dans deux minutes. »

Ne raccrochez pas pour esquiver le problème, et assurez-vous de rappeler. Il y a des chances que la personne se soit calmée lorsque vous rappellerez. Bon, ça, c'est la théorie. Habituellement, ça marche, mais ne m'en veuillez pas si ça ne marche pas ! Et assurez-vous de rester calme.

A S T U C E ════════════════════════════════════
Avec quelqu'un qui hurle au téléphone, ne restez jamais assis. Levez-vous, et le ton et la texture de votre voix changeront. Vous pouvez « entendre » le langage non verbal. Vous donnerez l'impression d'être plus intéressé. Vraiment! ════════════════════════════════════

En public

Si la personne hurle en public, vous voudrez sans doute la conduire dans un endroit plus calme, plus privé. Utilisez les mots justes et du langage non verbal. Dites : « D'accord, je pense que je comprends. Allons au fond du problème. Pouvons-nous aller dans mon bureau pour que je puisse prendre quelques notes ? » Ensuite, tournez-vous à moitié, indiquez la direction de votre bureau et avancez d'un pas tout en gardant le contact visuel.

Si vous avez bien jaugé la situation, la personne vous suivra. Sinon, laissez-la crier un peu plus longtemps et refaites la même chose.

 A T T E N T I O N ════════════════════════════
Certains experts en gestion vous diront de dire à une personne qui hurle, par exemple : « Je ne vais pas m'occuper de cela si vous me criez après » ou « S'il vous plaît, n'utilisez pas ce langage avec moi » ou « S'il vous plaît, essayez de vous conduire de façon plus mature ».

Ces paroles feront empirer la situation. Il n'y a aucune excuse pour le langage grossier et l'agression, mais les mettre en évidence créera un autre appel d'air et enflammera la situation.

Restez calme et laissez passer le plus gros de la crise. ════════════

Par rapport au service

Un premier ministre britannique, dans le cadre d'une élection générale, avait été houspillé par la parente d'un patient, qui se plaignait du traitement que ledit patient avait reçu dans un des nouveaux hôpitaux publics.

« Pas assez d'argent, des salles malpropres, des délais d'attente inacceptables ! » Le pauvre premier ministre avait marmonné quelque chose au
sujet de moyens supplémentaires alloués au secteur de la santé et concernant le fait que les effets de cette politique ministérielle prendraient du
temps, et est-ce que madame voudrait plutôt lui parler de tout cela à l'intérieur ? Mais pourquoi cette dame aurait-elle voulu entrer ? Elle savait
que la presse du monde entier la regardait !

La leçon à tirer ici est d'essayer de gérer des gens malcommodes dans des
situations délicates selon leurs propres conditions. Que ce serait-il passé si
le premier ministre lui avait dit : « C'est terrible, montrez-moi cela », puis en-
chaîné en utilisant le langage non verbal ? Il y a fort à parier qu'elle l'aurait
suivi, s'éloignant ainsi des caméras.

Gérer un membre de votre personnel qui perd les pédales

Il éclate, tout simplement, comme le ferait un volcan. Si la personne en
question est un membre du personnel que vous voulez garder, la vie après
une grosse explosion sera difficile mais gérable.

Même si vous devez clairement expliquer que « ce genre de comportement » est inacceptable, mieux vaut ne pas le dire pendant l'incident.
N'embarrassez pas votre employé ; il sera suffisamment mal à l'aise
lorsque tout sera terminé. N'empirez pas les choses. Conduisez-le dans
un endroit calme et dites-lui : « Nous devons régler ça. Je vais vous laisser
quelques minutes pour que vous rassembliez vos idées, puis je reviendrai
et nous en parlerons ensemble. »

Après, insistez pour que la personne présente ses excuses à quiconque
s'est trouvé à portée de voix. Il n'est pas nécessaire que les excuses soient
appuyées et contrites : « Je pense que vous leur devez des excuses. Et cela
allégera l'atmosphère, vous ne trouvez pas ? »

A S T U C E

Il arrivera même au meilleur membre du personnel de piquer une crise. L'idéal est que le retour à la normale se fasse aussi doucement que possible. Évitez les récriminations. Et ne faites plus référence à l'incident une fois qu'il sera clos.

Gérer un patron qui hurle

Quand un patron hurle, tout le monde s'esquive.

Le patron a le pouvoir de congédier. L'heure n'est pas à le mettre au défi de le faire. Comme avec tous ceux qui hurlent, la règle d'or est de le laisser crier. C'est la règle numéro un lorsque celui qui hurle est le patron. Ne restez pas au milieu de la tempête, laissez-la passer, et en aucun cas ne répondez en hurlant à votre tour.

Le calme vient après la tempête. Choisissez le bon moment et dites : « Je sais que vous êtes très en colère, mais l'incident a été embarrassant pour tout le monde. Pourrions-nous trouver un moment pour voir exactement ce que vous voulez ? »

Ce qui les fait craquer

Il y a des chances pour que, lorsque quelqu'un perd son sang-froid, il y ait une raison cachée pas nécessairement liée au travail. Y a-t-il quelque chose que vous puissiez faire ?

Gérer des gens très impolis sans se montrer très impoli

Très souvent, les gens sont impolis sans savoir qu'ils le sont. Ils sont, comme le disent les psychologues industriels, « trop déterminés ». Ils s'immiscent dans vos conversations, vous interrompent, terminent les phrases pour vous et monopolisent la discussion. Vous ne vous êtes jamais demandé pourquoi ils agissent ainsi ? Très souvent, l'impolitesse a son origine dans la timidité et un sentiment d'inadéquation.

Le rustre qui se mêle à votre conversation ne semble sûrement pas timide, mais il y a une petite voix qui lui dit : « Si je ne me mêle pas à la conversation, je ne pourrai jamais me faire entendre. » Quand on voit l'impoli de cette façon, on est plus désolé pour lui qu'agacé.

L'impoli de classe supérieure monopolisera une conversation, ne permettant à personne de placer un mot. Laissez-le discourir. Tôt ou tard, il s'éloignera du sujet dont il est question. Choisissez le bon moment et interrompez-le en disant : « Tout cela est très intéressant, mais qu'est-ce que cela a à voir avec l'ordre du jour ? Ne devrions-nous pas nous concentrer sur…? » Utilisez ce moyen pour revenir dans la conversation, et les autres avec vous par la même occasion. Ne pensez pas que vous serez seul ; dans une réunion, les autres sauront que leur heure est venue et ils vous soutiendront.

 A S T U C E
Le parfait impoli, le vrai, désagréable en tout temps, frôle la tyrannie. Rappelons que les tyrans ont besoin d'une victime – n'en soyez pas une. Éloignez-vous poliment et revenez plus tard. Cela désamorcera les tensions et signifiera que vous ne tolérez pas ces façons de faire.

Gérer l'impolitesse déguisée

L'exemple classique, c'est le compliment équivoque ou la remarque humiliante. Vous savez, ce genre de commentaire : « Ce sont de bons résultats de vente, Bruno, mais j'imagine que ce ne sont pas des ventes réelles. La plupart d'entre elles sont probablement passées par le gouvernement, qui veut dépenser ses fonds avant la fin de l'année budgétaire. »

Ne tolérez pas cela. Soyez conscient de votre propre valeur. « Merci, j'ai vraiment travaillé dur. Que voulez-vous dire par "ventes réelles" ? » Regardez-les battre en retraite.

17

Le client a toujours raison… ah oui ?

En Angleterre, les employés de magasin croient fermement à ce vers de Milton :
« Ils Le servent aussi qui debout savent attendre. »

GEORGE MIKES

Le client a toujours raison ? Euh, en fait non. Enfin, oui, je veux dire oui. Vous voyez ce que je veux dire ?

Les clients peuvent être insupportables, c'est-à-dire exigeants, malcommodes ou carrément agressifs. Mais c'est aussi grâce à eux que vous avez des vêtements avec lesquels vous habiller, un toit sur la tête et des chaussures aux pieds.

Le monde a changé. Il y a eu une époque où les clients auraient toléré un pis-aller, accepté des excuses et hésité à se plaindre. Plus maintenant. Dans une économie centrée sur le consommateur et fonctionnant 24 heures sur 24, 7 jours sur 7 et 365 jours par année, si vous ne tenez pas parole ou ne produisez pas les résultats escomptés, le choix ne manque pas, et les clients iront voir ailleurs.

Quelquefois, les clients dépasseront la mesure à un point tel que vous devrez prendre des décisions importantes quant à jusqu'où vous *voulez* et *pouvez* vous permettre d'aller. Il vaut mieux mettre fin à une relation de façon civilisée plutôt que de la voir finir en violente dispute.

Tous les clients n'ont pas toujours raison. Certains se plaignent quand ils n'ont pas de raison de le faire, exagèrent, mentent et sont malhonnêtes comme des voleurs de grand chemin. Plusieurs abusent des lois qui protègent les clients, et il arrive que des avocats tirent parti·de cette situation.

Le portrait n'est guère réjouissant, n'est-ce pas ? Mais, bien sûr, le client a toujours raison !

 A S T U C E

L'idée, en fait, est simplement de ne pas avoir de clients malcommodes ! Respectez vos promesses de livraison, donnez-leur-en pour leur argent et agissez vite si quelque chose se passe mal, et alors vous n'aurez pas besoin de lire ce chapitre. Si, en revanche, vous vivez dans le monde réel, vous voudrez peut-être y jeter un coup d'œil...

Gérer les clients malcommodes

Communication. Oui, ce terme est galvaudé, mais la communication est indubitablement au cœur des bonnes relations au sein du personnel et avec les clients. C'est, bien sûr, à double sens. Pour communiquer, vous devez avoir l'attention du client et être sûr que vous comprenez ce qu'il demande.

Si vous n'êtes pas certain que le client vous porte attention ou s'il n'est pas clair dans la formulation de ce qu'il veut, essayez ceci : « Je veux seulement m'assurer que je vous ai bien compris. Vous voulez... » (Décrivez ce qu'il demande.) » Cela a le double effet de clarifier la situation et, en répétant ce qui a été dit, de rendre complètement idiotes les demandes exorbitantes... même aux yeux de celui qui les a faites ! Une fois les choses clarifiées, élaborez une commande, apportez une précision ou rédigez un rapport.

« Que désirez-vous ? »

Que pouvez-vous faire avec un client vraiment exigeant ? Offrir moins et faire plus ! Assurez-vous que les choses ne se font pas dans l'autre sens. Comme toujours, tout repose sur les mots : « Oh, c'est une grosse commande ! Vous nous mettez en face d'un véritable défi, parce que, habituellement, nous ne gérons pas une commande dans ce laps de temps/nous ne produisons pas cette couleur/nous n'arrivons pas à régler les formalités administratives dans ce délai… mais nous ferons de notre mieux. »

En faisant anticiper que vous ne pourrez peut-être pas assurer l'exécution telle que demandée, lorsque vous y parvenez, vous avez un client satisfait ; si vous n'y parvenez pas, il vous reste une marge de manœuvre.

A S T U C E

Quelque chose s'est vraiment mal passé ? Allez voir le client. Même si vous n'avez pas l'habitude de le faire, allez-y. Montrez au client qu'il vaut le déplacement, le temps et le coût investis. Regardez-le dans les yeux, observez son langage non verbal et dites : « Nous avons fait une grosse erreur. Je suis ici pour vous présenter nos excuses et trouver une solution pour arranger les choses. »

Éviter les ennuis

Notez tout par écrit. Assommant ? Oui, mais un contrat bien écrit a sauvé beaucoup de gens de situations difficiles. Ne pensez pas que cela doit ressembler à la Constitution canadienne ; une simple note pour expliquer qui fait quoi, quand et à quel prix suffira.

Définir les responsabilités et les attentes est une bonne pratique toute simple. Tout le monde a de temps en temps la mémoire qui défaille. Plus tard, s'il y a un problème, vous serez pleinement en droit de revenir sur ce qui a été déterminé : « J'ai regardé l'accord que nous avons signé, et il me semble très clair que vous étiez d'accord que nous devions… (quel que soit le service ou la tâche concernés). Je pense que vous conviendrez avec moi que c'est exactement ce que nous avons fait. »

 A S T U C E

Comment gèrent-ils leurs affaires ? Une bonne façon de voir ce qu'attendent de vous des clients potentiels, c'est de regarder la façon dont ils gèrent leurs affaires. Si tout semble organisé, impeccable, bien défini, net, c'est le signe que vous devez être rigoureux. S'ils ont la réputation de s'occuper de leurs clients, de respecter leurs échéances et d'offrir de l'excellente qualité, vous savez ce qu'il vous reste à faire !

Un petit rappel rappelant à quel point vous êtes bon

Vos clients en ont pour leur argent car vous fournissez un service remarquable ? Dites-le, rappelez-le et redites-le encore à vos clients. Comment ? Détaillez sur vos factures ce que vous faites payer.

Évitez ce genre de formulation :

À :
Service et réparation modèle Z134

                                            TOTAL : 250 $ + taxes

---

Servez-vous de la facture comme d'un outil de publicité. Par exemple :

À :

Service amorcé moins de 3 heures après la réception de l'appel.

Localisation du problème sur le modèle Z134 avec utilisation du matériel de diagnostic.

Réparation par remplacement du composant (provenant du stock du camion de service).

Réassemblage.

Nettoyage.

Révision générale.

Remise en service en 45 minutes.

TOTAL : 250 $ + taxes

Pour ma part, je sais quelle facture je préférerais régler.

Gérer des clients vraiment très, très, très malcommodes

Essayez le chaperon : nommez quelqu'un qui sera responsable d'un client important mais particulièrement difficile. Donnez au client le nom de cette personne comme un point de référence, aisément joignable, et un numéro de téléphone direct. Attendez un peu et regardez arriver les réclamations les unes après les autres.

Très souvent, les choses tournent au vinaigre parce que les réclamations ne sont pas traitées promptement. Parfois, le processus pour porter plainte transforme un client déçu en un client malcommode. Facilitez les choses à quelqu'un pour qu'il soit malcommode, et il ne le sera pas. C'est vrai !

18

Les plaintes, quel plaisir !

La vie est courte, mais elle nous laisse toujours du temps pour la courtoisie.

RALPH WALDO EMERSON

Les six étapes vers le succès

Vous avez devant vous quelqu'un qui hurle ? Aïe ! Il ne vous laisse pas placer un mot ? Voilà la technique infaillible pour gérer une réclamation :

- écouter
- compatir
- ne pas se justifier
- prendre des notes
- convenir d'une action à entreprendre
- faire le suivi

Examinons chacune des étapes.

Écouter

La façon de faire ? Écouter et faire savoir à l'autre personne que vous le faites. Montrez que vous écoutez par du langage non verbal (signes de tête, formules d'acquiescement, contact visuel, etc.).

- Prenez en note ce qu'on vous dit. Demandez : « Est-ce que ça vous dérange si je note ce que vous êtes en train de me dire ? »
- Dirigez les appels de votre téléphone sur la boîte vocale.
- Invitez la personne à venir dans votre bureau : « Et si nous allions dans mon bureau ? Je veux noter tout ce que vous me dites. »

Il ne coûte rien d'écouter, et plus vous serez attentif, plus vous éclaircirez la situation. Portez attention à ce qu'on vous dit, concentrez-vous et posez des questions comme « Juste pour être bien sûr que je vous comprends » ou « Cela semble terrible, pourriez-vous me le répéter ? »

Compatir

Compatir n'est pas la même chose qu'être d'accord, cela ne veut pas dire accepter la responsabilité et ne signifie pas non plus que vous avez capitulé. Cela vous aide à faire retomber la pression. Quelques phrases appropriées montrent que vous écoutez toujours et que vous n'essayez pas de vous esquiver.

Voici quelques phrases appropriées :
- « Je suis vraiment désolé d'apprendre cela. »
- « Cela me semble vraiment horrible. »
- « Cela a dû être très difficile pour vous. »

Ne pas se justifier

La personne en colère qui se tient devant vous n'est pas le moins du monde intéressée d'apprendre que la moitié du personnel est absent pour cause de grippe, que la livraison que vous attendiez n'a pas été faite, que le patron est sur votre dos pour obtenir plus de ventes, que vous avez abîmé votre voiture en allant au bureau, que le plus jeune de vos enfants a pleuré toute la nuit et que vous vous êtes disputé avec votre tendre moitié.

Ce n'est pas son problème. Elle ne voudra pas savoir que c'est la faute de la production, que quelqu'un vous a laissé tomber, que vous avez eu une urgence inattendue et que le centre d'appels est noyé sous deux mètres d'eau. Quelle que soit la raison, quel que soit le problème, ce n'est pas le moment d'en parler.

Plus tard, il sera temps d'expliquer pourquoi les choses se sont mal passées. Mais pendant une réclamation, le moment serait mal choisi. C'est trop tôt. Le moment venu, vous pourrez dire : « Je n'essaie d'aucune manière d'excuser ce qui s'est mal passé, mais il faut que vous sachiez que nous avons eu un incendie dans l'entrepôt et que toutes nos livraisons sont en retard. Je sais que votre livraison est urgente, je vais aller voir ce que je peux faire pour la faire accélérer. »

 A T T E N T I O N

Ne dites pas :

- « Je ne peux pas croire ça. »
- « Vous êtes en train de me faire marcher ! »
- « Ce n'est pas possible ! »
- « Vous plaisantez ! »
- « Quoi ? Sûrement pas ! »

Même si vous ne la croyez pas, cela ne sert à rien de faire empirer une situation déjà mauvaise en traitant la personne de menteuse, ou en insinuant que vous pensez qu'elle l'est. L'objectif ici est de dédramatiser la situation, de traiter la réclamation avec le minimum de dommages collatéraux et de continuer votre travail.

Prendre des notes

Quand on se plaint, il y a quelque chose de rassurant dans le fait que quelqu'un note la réclamation. Cela ne veut dire de l'écrire mot à mot, d'aller dans tous les détails ou de faire remplir de longs formulaires. Ce genre de supplice administratif ne fait qu'aviver les tensions. Ce dont je parle ici, c'est d'un simple rapport pour savoir qui fait la réclamation, à quelle date et à quel sujet. Pourquoi ? D'abord, cela montre clairement que vous écoutez et, ensuite, les notes prises sur-le-champ peuvent être fort utiles si éventuellement les choses dérapent.

 A S T U C E
Un résumé de la réclamation rédigé dans l'immédiat est habituellement fiable et est fait avant que la personne n'ait eu le temps de broder sur le problème ou de ruminer une demande de compensation.

Convenir d'une action à entreprendre

Bon, que faut-il faire ensuite ? Vous avez écouté, compati, pris des notes… quelle est la prochaine étape ? Convenir d'une action à entreprendre. Comment ? Demandez :

- « Comment pensez-vous que nous pouvons faire avancer les choses ? »
- « Comment voudriez-vous que je m'occupe de cela à partir de maintenant ? »
- « Comment aimeriez-vous que la situation se règle ? »

En posant ce type de questions, vous aurez une idée de jusqu'où vous devrez aller, et de ce que cela prendra pour résoudre le problème. Cela ne veut pas dire que vous capitulez ou que vous êtes prêt à faire n'importe quoi.

Peut-être que ce que demande la personne est raisonnable, que la solution se trouve dans votre sphère d'action et qu'il vous est possible de le lui donner. Dans ce cas-là, ce sera chose faite.

Par ailleurs, il se peut qu'elle demande trop, que ce soit en dehors de votre compétence ou que cela commence à ressembler à une magouille. Dans ce cas, voici quelques autres phrases appropriées :

- « Je sais que vous voulez que j'aille au fond des choses, donc je vais vous demander quelques heures/jours supplémentaires pour étudier tout cela. »

- « Je ne suis pas autorisé à faire ce que vous demandez, alors je vais en parler à ma direction et voir ce qu'elle suggère. »

- « Il y a plusieurs personnes impliquées dans cette affaire, et je vais devoir vous demander de me donner du temps pour régler cette question. »

- « Cela me semble très sérieux, et je sais que vous ne voudriez pas que quelqu'un d'autre vive la même chose. Je vais avoir besoin de temps pour me renseigner. »

Faire le suivi

Faire le suivi c'est, en d'autres termes, faire ce que vous avez promis que vous feriez. Si vous vous engagez à rappeler l'après-midi même, après avoir fait des recherches, faites-le. Pas de nouvelles ? Pas d'information à donner ? Pas d'importance. Rappelez et dites : « Je sais que j'ai promis que je vous appellerais cet après-midi, une fois que je me serais renseigné. Malheureusement, la personne à laquelle j'avais besoin de parler a été absente toute la journée. Elle sera de retour demain, je lui parlerai et je vous appellerai à l'heure du midi. » Si vous n'avez toujours pas de nouvelles, faites de nouveau la même chose. Continuez jusqu'à ce que vous ayez la réponse.

Vous avez promis d'envoyer un nouveau bidule, un machin supplémentaire ou un trucmuche de remplacement ? Faites-le, ou appelez, dites pourquoi vous ne pouvez pas le faire et convenez d'une autre échéance. Le suivi est l'étape la plus importante du traitement des réclamations.

ATTENTION ═══════════════════

Le moyen le plus facile de faire empirer une situation déjà mauvaise est de ne pas faire le suivi. Quel que soit le moyen choisi (un appel téléphonique, une lettre, un courriel), faites-le. Même si vous ne pouvez pas rendre ce qui était prévu, rappelez et dites-le. Mettez-vous d'accord sur une autre échéance. ═══════════════════

Donc, si nous résumions vos interventions au cours des six étapes de la gestion des réclamations, cela pourrait ressembler à ceci :

- « Madame Martin, j'ai besoin d'écouter attentivement ce que vous me dites. Pouvons-nous aller dans mon bureau pour que je puisse noter tout cela ? »

- Il semble que nous vous ayons laissé tomber/Visiblement, vous êtes très déçue/Vous devez être vraiment fâchée contre nous.

- Laissez-moi noter correctement ce que vous me dites. Pouvez-vous me répéter ce point ?

- Je ne suis pas autorisé à faire ce que vous me demandez. Toutefois, mon superviseur/mon directeur sera là cet après-midi, et je lui demanderai son aide. Je vous appellerai avant la fermeture des bureaux. »

Assurez-vous de rappeler.

 ASTUCE ═══════════════════

De temps à autre, il arrive que des erreurs soient commises dans les entreprises. Se tromper n'est pas un drame. Ce qui en est un, c'est de ne pas corriger les erreurs, de se tromper trop souvent ou, pire encore, de ne pas savoir que des erreurs sont commises.

L'idée est d'apprendre des erreurs commises ou de celles qui ont failli l'être. Les entreprises qui encouragent la transparence sur les réclamations et les erreurs du personnel apprennent à connaître leur système, leur protocole et leur approche. Les erreurs et les réclamations coûtent du temps et de l'argent, mais elles offrent aussi une opportunité : géré efficacement, un client qui se plaint peut devenir un ardent partisan qui parle de vous en bien.

Étudiez les réclamations, analysez-les et utilisez-les pour obtenir de meilleurs résultats. Ne les laissez pas être seulement des problèmes à régler.

ATTENTION

Si vous vous entendez dire ce qui suit, relisez les pages précédentes : « Je n'arrive pas à croire que nous nous soyons trompés. Le problème, c'est que trois de nos employés ont été absents à cause de la grippe, alors nos commandes sont vraiment en retard. Je ne suis pas sûr de savoir quand tout cela sera réglé. Au fait, pouvez-vous me répéter votre nom ? »

19

Moral et état d'esprit

Si vous vous sentez déprimé, vous ne devriez pas sortir, parce que cela se verra sur votre visage. La tristesse est une maladie contagieuse.

MARTHA GRAHAM

Le point de départ de ce chapitre est le suivant : une seule personne peut affecter mon moral, et cette personne, c'est moi. Je vous entends dire : « Tout le monde n'est pas comme vous, et c'est une bonne chose ! »

Dans la vie de tous les jours, dans le monde du travail, dans votre entreprise, il y a des pressions, des changements et des événements qui influent sur l'attitude des gens par rapport à leur travail. Le moral de l'entreprise est une chose difficile à évaluer. On nous dit par exemple que le moral est au plus bas dans les services publics, pourtant je peux vous présenter des enseignants pleins d'allant, des infirmières dévouées et des médecins inspirants. Comment mesurez-vous le moral des troupes et comment savez-vous qu'il est en baisse ? Observez ces signes :

- Il y a davantage de points de friction et de disputes entre les membres du personnel.

- Le nombre d'absences non prévues ou pour maladie augmente.

- Apparaissent des groupes « qui font front », des cliques et d'autres groupes informels.

- Les commérages et les rumeurs se répandent.

Que faire ?

Le chapitre 8 traite de l'agressivité. Les disputes et les altercations qui résultent d'un piètre moral doivent être traitées de la même façon, mais avec une petite subtilité : traiter une dispute normale signifie trouver les causes du problème et s'occuper de la dispute *et* de ses causes. Les altercations causées par un piètre moral suivent les mêmes règles, mais la cause de la chicane est souvent beaucoup plus difficile à découvrir.

Lorsque quelqu'un se met à hurler, utilisez cette technique en trois étapes :

• Assurez-le que vous prenez sa colère en considération.

• Posez une question.

• Répétez-lui ce qu'il a dit.

La conversation peut ressembler à ceci :

Vous : « Je vois, Alain, que vous êtes très fâché. Cela ne vous ressemble pas. Que se passe-t-il ?

Alain : Personne n'écoute jamais ce que je dis.

Vous : Vous dites que personne ne vous écoute. Eh bien, je vous écoute maintenant. Que voulez-vous me dire ? »

L'étape suivante est cruciale : vous devez *écouter* ! Posez davantage de questions et écoutez. Vous trouverez la raison de la colère de votre interlocuteur : des rumeurs de congédiement, des changements de méthode de travail qui rendent les tâches plus difficiles, un besoin d'équipement plus moderne, une charge de travail inattendue. Cette raison est là, quelque part.

Tout le monde prend des congés de maladie

Quand un membre du personnel habituellement en bonne santé se met soudain à être malade de façon régulière, cela signifie assurément quelque chose. Et fort probablement que ce quelque chose ne peut être guéri par un médecin. Les signes révélateurs sont les absences les jours qui précèdent ou suivent une fin de semaine ou un jour férié. Les absences pour maladie qui ont lieu les vendredis et les lundis valent la peine d'être examinées de plus près.

Un piètre moral, un manque de motivation, de médiocres résultats et un taux élevé d'absentéisme vont de pair. Quelle action entreprendre ? Faites face sans vous montrer indiscret : « Sylvie, j'ai remarqué que vous aviez x jours d'absence pour maladie ce dernier mois. Je me fais du souci pour vous. Se peut-il que vous ne vous soyez pas dans votre assiette ? Se passe-t-il quelque chose ? Est-ce que je peux vous aider ? »

Souvent, porter le taux d'absence pour maladie à l'attention de la personne suffit pour qu'elle change de comportement.

 A T T E N T I O N

Avez-vous accès à un service de santé au travail ? Si oui, vous pouvez référer un employé qui soudain se révèle de plus en plus souvent malade pour avoir un avis. Cependant, ne vous attendez pas à ce que le médecin ou l'infirmière vous révèle les détails de la santé d'un employé : c'est confidentiel. Et n'attendez pas non plus des médecins qu'ils fassent le travail du directeur pour que l'employé soit performant de retour au travail. Ils peuvent vous dire qu'un membre du personnel est généralement suffisamment en forme pour faire son travail, et ils aideront un employé qui rencontre des problèmes de santé. Un point c'est tout.

Tout le monde a un prétexte

Un mauvais moral peut avoir un effet endémique. Les services deviennent ingérables parce que tout le monde utilise la maladie comme une façon d'oublier ses problèmes au bureau.

Voici une solution ingénieuse, soit compter les absences. Voilà comment faire :

- Attribuez 10 points pour chaque jour d'absence pour maladie pris avant ou après la fin de semaine.
- Attribuez 12 points pour chaque jour d'absence pour maladie pris avant ou après un jour férié.
- Attribuez 8 points pour chaque jour d'absence pris un à la fois pendant la semaine.
- Attribuez 2 points par jour pour les jours d'absence pour maladie pris consécutivement en milieu de semaine.
- Attribuez 1 point par semaine d'absence pour maladie de longue durée.

Faites ce test sur au moins un mois et pas plus d'un trimestre. Cette méthode de mesure met en lumière les flancs mous et ne pénalise pas ceux qui sont réellement malades.

Additionnez ensuite les résultats pour chaque service et affichez les résultats sur intranet, par courriel ou sur le babillard. Assurez-vous que tout le monde puisse les voir. Attendez-vous à ce qui suit :

- Démontrer que le problème fait l'objet de l'attention de la direction aura un impact sur ceux qui simulent et réduira immédiatement les absences pour maladie.
- Les services qui auront le plus de points seront sans doute les moins performants, ce qui aurait une incidence sur les autres services. Attendez-vous à ce que les membres de ces derniers fassent pression pour faire baisser des taux d'absence inacceptables et injustifiés.

Les cliques, les clans et les assemblées de sorcières

Les entreprises où le moral est très bas sont souvent infestées de petits groupes qui se mettent eux-mêmes « en dehors » de l'entreprise, dans le sens où ils comptent les uns sur les autres pour se soutenir et deviennent indifférents au reste. Ils s'assoient, bougonnent, couvent leurs rancœurs et complotent. Exactement ce dont a besoin un gestionnaire paranoïaque! Ils sont souvent la source de commérages. Ce qu'ils ne savent pas, ils l'inventent.

A S T U C E ══════════════════════════════════

Vous pouvez utiliser les commérages de manière créative. Si vous avez de bonnes nouvelles à diffuser, n'hésitez pas à les chuchoter dans la confidence. Tenez-vous ensuite en retrait et attendez que l'information circule toute seule! ═══════════════════════

Il existe deux approches pour gérer la coterie.

- La première consiste à disperser les groupes, à faire bouger le personnel vers d'autres services de l'entreprise, à changer les heures de travail ou à éloigner les membres d'une clique les uns des autres. Mais ce n'est peut-être pas une solution pratique. Cela peut être perturbateur et exacerber un problème de baisse de moral déjà existant.

- La seconde solution est plus machiavélique. Essayez de donner à des membres choisis du groupe des tâches bien spécifiques pour lesquelles ils devront s'en remettre à vous. Encouragez-les et félicitez-les. Mettez-les de votre côté. Créez une clique positive autour de vous. Exploitez leurs talents, récompensez-les publiquement et sortez-les de leurs ruminations.

20

Les rumeurs, un feu de brousse dont vous pouvez vous passer

Beaucoup n'osent pas se tuer, par peur de ce que les voisins pourraient dire.

CYRIL CONNOLLY

Les rumeurs sont l'une des forces les plus destructrices pour la culture d'entreprise. Elles sont de deux natures.

La première, c'est les propos irréfléchis. Peut-être y a-t-il un changement important en vue. Peut-être se passera-t-il quelque chose qui aura un impact sur l'entreprise. Les gens seront tendus et inquiets. Ils chercheront des indices quant à ce que l'avenir leur réserve. Un mot maladroit, une conversation surprise dans l'ascenseur, au stationnement ou à la cafétéria peuvent tout déclencher. Ce genre de choses arrive, mais peut être évité. Une bonne gestion, de la franchise, des communications appropriées en temps et en contenu peuvent stopper net les rumeurs. C'est un problème de gestion, et il existe des techniques de gestion qui ne laissent aucune chance aux rumeurs.

La seconde nature des rumeurs est probablement celle qui fait le plus de ravages. Ce sont celles lancées par des gens qui n'ont aucun fait précis pour étayer ce qu'ils avancent. Ils n'essaient pas d'assembler des bribes d'information disparates. C'est le genre de rumeur qui est propagée par l'ignorant, celui que ça ne concerne pas, le sombre abruti.

Y a-t-il une phrase qui soit plus vraie que celle-ci : « Savoir, c'est pouvoir » ? Dans les entreprises, il y aura toujours des gens qui, pour se donner de l'importance, lanceront des rumeurs. Ils veulent montrer qu'ils sont au courant. Ils peuvent causer énormément de tort.

Parmi les rares études réalisées sur la dynamique des rumeurs d'entreprise, une des plus révélatrices est celle menée par Anders Vidners, professeur à l'Université de Stockholm qui a été un expert du management au sein du groupe pharmaceutique suédois Astra AB (qui, depuis, a fusionné avec Zaneca PLC pour devenir AstraZeneca). Anders Vidners a montré que, dans les grandes entreprises, une personne pouvait avoir un dialogue sensé avec 15 autres personnes durant une journée de travail normale. Voici comment les rumeurs se propagent : 15 x 15 x 15. Le schéma ci-après est encore plus éloquent.

Représentation d'un feu de brousse –
ou comment les rumeurs illuminent votre journée !

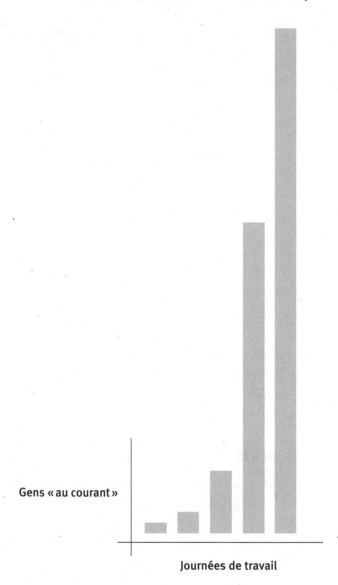

Gens « au courant »

Journées de travail

Ça donne la chair de poule, non ? Une personne qui répand une rumeur auprès de 15 autres personnes, c'est déjà embêtant. Quinze personnes qui en parlent à 15 autres, cela devient préoccupant, car cela signifie que 225 personnes peuvent avoir reçu un message erroné. Après cela, le nombre total devient ridiculement énorme : 225 x 15 = 3 375. Très vite, la planète entière est au courant d'une information… fausse. Ce qui a commencé avec « Ce mois-ci, nous avons un budget serré » devient :

- Ce mois-ci, nous n'atteindrons pas nos objectifs.
- Nous n'avons pas atteint les objectifs.
- Nous n'avons pas atteint les objectifs et le budget est en cours de révision.
- Le budget est en cours de révision.
- Il va y avoir une vérification.
- Il va y avoir des coupures.
- Les coupures signifient qu'il y aura des mises à pied.
- Il y aura forcément des mises à pied.
- Des centaines d'emplois seront supprimés.

Plus le message est diffusé, moins il devient précis. Les rumeurs sont comme un feu de brousse : elles commencent avec une étincelle et deviennent un incendie de forêt. Il est presque impossible de les arrêter et, avant que vous ne vous en rendiez compte, il ne reste rien.

La réponse aux rumeurs

Les colporteurs de rumeurs sont immatures, et la seule véritable réponse à leur attitude n'est pas toujours agréable : vous devez les confronter. « Henri, je dois vous demander quelque chose. Est-ce vous qui avez dit : (et vous répétez la rumeur) ? » Attendez sa réponse. « Eh bien, ce doit être parce que… » Ne vous attendez pas à ce que le coupable fasse des aveux. Ça, c'est pour les grandes personnes !

Faire face aux propagateurs de rumeurs n'est pas suffisant en soi. Vous courez le risque qu'ils pensent : « Ça doit être vrai, puisqu'ils ont essayé de me faire taire. » Ce qu'il faut, c'est affronter le propagateur et en même temps rétablir la vérité : « Henri, ce que vous dites n'est pas vrai. Voici les faits… » Pour affronter les rumeurs, vous avez donc besoin de connaître les faits.

Quelquefois, vous serez confronté à des questions délicates que vous ne pourrez pas traiter tout de suite. Dans ce cas-là, essayez : « Henri, ce que vous dites n'est pas vrai. Pour l'instant, il y a de très bonnes raisons qui ne me permettent pas d'en dire plus sur la question, mais nous espérons pouvoir faire une déclaration dans les prochaines 24 heures. Je vous conseille d'attendre de connaître tous les faits avant d'en dire davantage. » La prochaine étape est de vous assurer que vous ferez les déclarations au moment annoncé. Sinon, vous serez récompensé par davantage de rumeurs !

Mieux vaut prévenir que guérir

Les rumeurs peuvent facilement échapper à tout contrôle, et c'est toute une affaire de les faire taire. La réponse au problème réside en une bonne stratégie de communication. Les questions qui risquent d'inquiéter le personnel et de délier les langues sont faciles à identifier :

• les mauvais résultats ;

• la perte d'une grosse commande ;

• une potentielle prise de contrôle de l'entreprise ;

• le départ d'une personne clé de la hiérarchie ;

• le choix d'un nouveau fournisseur important ;

• le déménagement de l'entreprise.

Informer les gens de ce qui se passe stoppera net les rumeurs.

Les politiques d'entreprise, les négociations difficiles, les questions délicates ne peuvent pas toujours être portées à la connaissance de tous. Souvenez-vous de ceci : ce n'est pas parce que vous ne pouvez pas parler que les autres ne le feront pas.

Quelle est la réponse ? Facile : dites que vous ne pouvez rien dire d'autre. « Je sais qu'il y a des rumeurs au sujet de… J'ai à cœur de mettre un terme à ces rumeurs. Je ne peux rien dire pour l'instant, mais je pourrai vous donner des informations précises le… (prévoyez un délai sensé). »

Assurez-vous que vous respectez bien votre promesse, sinon, attendez-vous à encore davantage de rumeurs.

 ATTENTION

Ne pensez surtout pas que les rumeurs sont un problème qu'on retrouve essentiellement dans les grandes entreprises. Les petites entreprises y sont tout aussi sujettes. Elles ont des clients, des fournisseurs et des partenaires. Les rumeurs se propagent à l'intérieur et à l'extérieur de l'entreprise, et elles peuvent faire un tort considérable à la crédibilité et à la réputation de cette dernière.

21

e-malcommode@votreentreprise.ca

Moments de rigolade, plaisanteries innocentes, blagues de bureau : vous connaissez bien tout cela. Autrefois, on racontait les dernières histoires autour de la machine à café ou à la cafétéria. Puis il y a eu les dessins humoristiques photocopiés épinglés sur le babillard. Maintenant, il y a le courrier électronique.

Voilà qui est bien plus difficile à gérer. Les farceurs de bureau disposent maintenant d'un jouet puissant. Plus important encore, le comique de votre bureau n'est pas le seul à pouvoir déverser ses blagues dans votre système – tous les comiques de tous les bureaux du monde entier peuvent le faire aussi.

Blagues grivoises, images choquantes et histoires déplacées filent à toute vitesse à travers les messageries et sont transmises sans discernement. Dépôt de plainte, assignation en justice et procès ne sont jamais très loin. L'expérience le prouve : les problèmes commencent à l'interne, et c'est ensuite que le monde extérieur vient s'écraser avec fracas sur la tête d'une direction qui ne se doute de rien.

Si vous ne maîtrisez pas les petits rigolos du bureau, qu'ils soient racistes ou lubriques, attendez-vous à des problèmes. On a vu bien des entreprises dénuées de règlement clair en matière de messagerie électronique se retrouver empêtrées dans de pénibles actions en justice impliquant tout et n'importe quoi, de la discrimination sexuelle au non-respect de la confidentialité. Les règlements relatifs au courrier électronique sont fondamentaux dans la gestion d'une bonne entreprise.

Si vous découvrez que quelqu'un fait circuler des courriels de mauvais goût, essayez ceci :

« Freddy, je sais que tu aimes ce genre de choses, et que certains trouvent ça drôle. Mais d'autres risquent d'être offensés, et je ne peux pas me permettre de mettre l'entreprise et sa réputation en danger, ni de risquer un procès. Je te demande de cesser ce petit jeu, et si cela se reproduit, ce sera l'avertissement officiel éventuellement accompagné de sanctions. »

Voici quelques suggestions pour éviter les fiascos électroniques :

• Prévenez par courriel tout le personnel en expliquant vos règles d'utilisation du courrier électronique. Vous pouvez, pour que votre message soit rappelé à vos troupes régulièrement, l'intégrer par défaut à l'écran de veille. Ça ne coûte rien et c'est efficace.

• Faites bien comprendre que les adresses électroniques de l'entreprise ont un usage exclusivement professionnel et que les messages qui y transitent peuvent être surveillés. Tout message personnel doit être envoyé à partir d'une adresse courriel personnelle. En outre, insistez sur le fait que le courriel n'est pas là pour remplacer les conversations qui ont lieu à la cafétéria, aux toilettes ou dans l'ascenseur.

• Éradiquez le bavardage électronique : soyez très clair sur les règles d'accès à Internet, sur la transmission du courrier personnel, de blagues, de contenu grossier et de messages non professionnels.

- Organisez une formation à l'interne pour aider les employés à comprendre les règles. Ceci peut convaincre un tribunal que vous avez pris vos responsabilités au sérieux. Intégrez vos règles d'utilisation du courrier électronique directement dans vos contrats d'embauche.

- Déterminez dès à présent une politique d'archivage. Que faut-il garder, combien de temps, comment et sous la responsabilité de qui ? Estimez les coûts et budgétez-les, mais attention : les frais sont supérieurs à ce que vous pensez ; disques durs, serveurs et mémoire de stockage coûtent cher. C'est toutefois toujours moins onéreux que quelques jours au tribunal !

22

Une réunion ? Quel bonheur !

Je trouve toujours étrange que les gens deviennent si difficiles à gérer dès qu'il s'agit de réunions – ils leur accordent peu d'importance, se montrent perturbateurs pendant qu'elles se déroulent et sapent l'énergie créative qui, parfois, peut en émerger.

Au fil de mes rencontres avec des groupes de gestionnaires et de patrons, j'ai relevé que ce qui arrive en tête de leur liste de récriminations est le fait qu'ils passent énormément de temps en réunion. Ma réponse à cela ? Elle sera courte et directe : vous feriez mieux de vous y habituer ! Les réunions ne sont pas une option, ni une interruption de la journée de travail, pas plus qu'une excroissance. Les réunions font partie de la gestion.

Les réunions sont l'inévitable conséquence du fait d'adapter des produits et des services aux besoins des clients – vous savez, ces gens qui fournissent l'argent qui servira à payer nos salaires ? Collaborer, coopérer, nouer des alliances stratégiques, développer des produits, créer des liens entre les services, tout cela signifie organiser davantage de réunions : séances de remue-méninges, réunions sur l'avancement des travaux, réunions pour la présentation des résultats, réunions de spécialistes pour discuter d'un cas, élaboration de politiques, négociations, règlement de différends, développement d'une relation de confiance, gestion du changement, réunions à propos d'autres réunions !

Quelle est la réponse à tout ça ?

Soyez résolu, d'une part, et, d'autre part, utilisez la technologie

Vous voulez que vos réunions fonctionnent? Votre attitude et les outils que vous utiliserez feront toute la différence.

La détermination

Savez-vous combien vous coûtent vos réunions? C'est le premier pas à franchir si vous êtes résolu à ce que celles-ci soient efficaces.

 P E N S E Z - Y !
Dans une étude menée par British Telecom, il a été estimé que la plupart des entreprises européennes dépensent plus en déplacements professionnels qu'en publicité.

Pour que vos réunions soient efficaces, je vous propose, en huit étapes, le « guide de l'impitoyable gestionnaire résolu et déterminé » :

1. Calculez combien coûte la tenue d'une réunion. Le temps est aussi précieux que tout autre élément organisationnel. Calculez le coût horaire, notez-le en gros caractères et accrochez-le à votre mur. Ne soyez pas timide, faites-le! Insistez sur le coût que représente le fait que vous deviez composer avec des gens malcommodes, qui hésitent, se montrent indécis, passent leur temps à médire et à colporter des ragots.

2. Combien de fois vous êtes-vous trouvé dans une réunion où il semblait évident que personne n'avait lu l'ordre du jour ni préparé quoi que ce soit? Assurez-vous de ne jamais assister à une réunion sans vous y être préparé. Montrez bien que vous êtes prêt et que vous refusez de débattre avec ceux qui ne le sont pas. N'ayez pas peur de dire : « Nous sommes tous très occupés, et je pense que nous nous devons les uns aux autres de faire notre part de travail. N'êtes-vous pas d'accord? »

Puis, avec votre sourire le plus charmant, fixez du regard ceux qui ne sont pas prêts. Je vous parie qu'ils ne se pointeront jamais plus sans préparation !

3. Insistez toujours pour que les réunions commencent à l'heure. Parlez franchement : « Je pense que tout le monde sait que nous devons commencer à 15 heures et, à moins que nous ne le fassions effectivement, je me demande si certains d'entre nous ne vont pas empiéter sur leurs engagements suivants. » Soyez ferme, et commencez à l'heure ; les retardataires finiront pas comprendre. S'ils se plaignent, souriez et dites : « Je suis désolé, mais l'heure est indiquée sur l'ordre du jour, et nous avons tous d'autres tâches qui nous attendent. » Ou « Nous ne pouvions pas vous attendre, car nous n'avons pas été avertis que vous seriez en retard. Nous ne savions pas si vous seriez en retard ou carrément absent. » Et offrez votre sourire le plus éblouissant !

4. Assurez-vous qu'il y a toujours un ordre du jour. Il n'y en a pas ? Ne perdez pas votre temps – les réunions sans ordre du jour sont comme un voyage dans la jungle, sans carte. Si l'ordre du jour n'est pas établi à l'avance, demandez à la personne qui préside la rencontre : « Avant de commencer, ne devrions-nous pas faire une liste des points que nous devons aborder ? » Si vous êtes réellement pressé, pensez à demander que les points de la réunion qui vous concernent soient regroupés et, lorsque vous avez fini, sauvez-vous ! Essayez d'éviter qu'il y ait un point « questions diverses » (souvent appelé « varia »). C'est un encouragement au bavardage, chose qui devrait se faire dans le stationnement ou avant de commencer la réunion, autour d'une tasse de café.

5. Assurez-vous toujours que la réunion ne déborde pas. Si c'est vous qui êtes chargé de la réunion, assurez-vous qu'il y a une grosse horloge placée bien en évidence, que tout le monde peut voir. Précisez à quelle heure vous voulez terminer et surveillez l'heure. Cela peut signifier l'abrégement de certains points abordés. Dites : « Je vois l'heure, et si nous voulons respecter le reste de l'ordre du jour, je pense que nous devons amorcer la conclusion de ce point. » Si vous n'êtes pas chargé

de la réunion, enlevez votre montre, posez-la ostensiblement sur la table et gardez-la dans votre champ de vision. N'ayez pas peur de dire à quiconque gère la réunion : « Je regarde l'heure, et je crains que si nous n'avançons pas, nous n'aurons pas le temps d'aborder tous les points prévus. »

6. La personne qui préside la réunion n'est pas très futée ? Voilà une nouvelle peu réjouissante. Essayez de lui parler en particulier pour lui exprimer votre souci d'éviter de prendre du retard ou de perdre du temps en commérages et autres bavardages inutiles. Si vos essais s'avèrent infructueux, prenez l'initiative et présidez la réunion de façon informelle. Essayez ceci : « Pensez-vous que nous devrions passer à l'autre point ? » Ou « C'est intéressant, mais je pense que nous devrions essayer de nous en tenir à l'ordre du jour, non ? » N'oubliez pas de sourire !

7. S'il y a un point délicat ou complexe à aborder en réunion, n'attendez pas d'y être : parlez-en avant et tentez d'obtenir des appuis. Prenez le temps de donner les détails et demandez du soutien. Cela accélère la réunion, et ça fonctionne à merveille.

8. Une réunion est-elle vraiment nécessaire ? Je veux dire vraiment, vraiment indispensable ? Essayez de déléguer quelqu'un de votre groupe pour s'occuper de certaines questions soit par téléphone, soit par courriel.

La technologie

Des options autrefois prestigieuses et peu accessibles telles que les vidéoconférences sont maintenant devenues banales. Les ordinateurs avec webcaméra intégrée sont bon marché et peuvent être connectés à un réseau.

Cependant, avez-vous réellement besoin des images ? Essayez les conférences téléphoniques. La plupart des systèmes téléphoniques sont équipés du dispositif nécessaire. Le seul problème est que personne ne sait le faire fonctionner ! Adressez-vous à votre service des technologies de l'information, et faites travailler ses employés à ce pour quoi ils sont payés !

Vous pensez que ces façons de faire coûteraient trop cher ? Regardez la feuille de papier que vous avez épinglée sur votre mur… Combien une heure de réunion vous coûte-t-elle, déjà ?

Les réunions peuvent être ennuyeuses, sans intérêt, monotones, fastidieuses, pénibles, interminables, amusantes, joyeuses, drôles, productives, et à peu près n'importe quoi entre les deux. Mais n'oubliez pas le rôle que peut jouer l'environnement physique et humain dans lequel se fait la rencontre.

Se réunir ou ne pas se réunir

Telle est la question. Et voici la réponse !

Les gens malcommodes le deviennent davantage lorsque le contenu d'une réunion n'est pas intéressant ou s'il n'y a aucune raison évidente qui justifie qu'ils aient été traînés si loin pour quelque chose qui aurait pu être réglé par téléphone.

Considérez une réunion comme un simple outil de gestion. Tout comme les courriels, les télécopies, les notes de service, les appels téléphoniques et les notes manuscrites, les réunions ont un rôle à jouer. Elles ne sont pas un moyen de défense ou un réflexe face à un problème. De tous les moyens de communication disponibles, la réunion sera celui qui coûtera le plus cher. Servez-vous des réunions de manière judicieuse.

Se réunir ou ne pas se réunir, c'est à vous de décider.

Organisez une réunion si :	Ne faites perdre de temps à personne si :
Vous êtes le patron/le leader/ le gestionnaire, et il y a un problème pour lequel vous avez besoin de conseils ou d'avis.	Il y a trop d'inconnues concernant le problème, pas suffisamment de données ni d'information.
Il y a un problème à régler ou une décision à prendre, et vous voulez impliquer un groupe pour qu'il s'en charge, surtout si vous avez besoin de son soutien pour appliquer la solution.	Le même résultat peut être atteint par téléphone, courriel ou note de service.
Il n'y a aucune décision à prendre, mais certains points sont à clarifier en personne.	La réunion traite d'une question brûlante, les esprits sont échauffés, et cela risque de dégénérer en dispute. Prenez le temps de calmer les membres du groupe pour qu'ils retrouvent leur objectivité.
Vous avez un souci sur une question et vous voulez en parler avec votre groupe.	Le sujet est hautement confidentiel, une fuite serait un véritable désastre. Souvenez-vous : les secrets n'existent pas.
Il y a un problème commun à plusieurs services qui doit être examiné par plusieurs personnes.	Le sujet est futile.
Il y a confusion quant aux niveaux de responsabilité.	Vous avez déjà décidé ce que vous voulez faire. Ne rendez pas votre groupe difficile en le considérant comme un simple sceau d'approbation.
Le groupe a fait savoir qu'il voulait avoir une réunion.	Des questions personnelles sont en jeu, comme les congédiements, les rémunérations et les résultats individuels. En général, il vaut mieux aborder tout cela en entretien individuel.

P E N S E Z - Y !

Le vrai défi, lorsqu'on gère des personnes malcommodes pendant une réunion, est de ne pas leur laisser la chance de devenir malcommodes. Cela semble évident ? C'est parce que ça l'est !

La bonne gestion est généralement fondée sur le bon sens. Si vous savez que telle question pose problème à quelqu'un, parlez à cette personne en privé avant la réunion. Encouragez ceux qui sont très réservés en leur disant que vous leur demanderez leurs idées sur un point bien précis. Tranquillisez les turbulents (sans les démotiver) en leur demandant d'être patients : « Je sais que vous êtes un expert dans ce domaine, Ivan, mais pourriez-vous attendre un peu pour émettre vos commentaires afin de laisser le temps aux autres membres du groupe de parler de tout cela d'une manière moins technique ? Après, je vous demanderai votre avis. Merci. »

 A T T E N T I O N

Méfiez-vous des réunions régulières. Elles conduisent à la routine, et la routine est la mort de l'inspiration.

Vous éviterez que les gens soient malcommodes pendant les réunions si vous vous organisez à l'avance. Voici **20 étapes fondamentales** qui devraient vous permettre d'éviter quelques petites difficultés.

		Fait	En cours
1.	Planifiez qui, quoi, où, quand et pourquoi.	❑	❑
2.	Assurez-vous qu'il y a un ordre du jour et que les gens le reçoivent suffisamment à l'avance, mais pas trop.	❑	❑
3.	Choisissez bien le moment et le lieu de la réunion.	❑	❑

	Fait	En cours
4. Préparez le lieu de réunion. Prenez le temps de vous assurer que tout est prêt, selon ce que vous avez souhaité.	❏	❏
5. Commencez à l'heure et laissez les retardataires se débrouiller. Ne retardez le début d'une réunion que s'il y a un problème de transport avéré et, même si c'est le cas, ne commencez pas plus de vingt minutes après l'heure prévue, sinon vous ne comblerez jamais le temps perdu. Il vaut mieux annuler et prévoir une autre date s'il y a un réel problème de transport.	❏	❏
6. Assurez-vous que tout le monde sait qui est qui. Que chacun se présente si tel n'est pas le cas.	❏	❏
7. Assurez-vous que tout le monde sait pour quelle raison il est présent et qu'il connaît son rôle.	❏	❏
8. Suivez l'ordre du jour. Si vous devez le modifier (à cause d'un manque d'information ou parce qu'un des participants essentiels n'est pas là), faites-le dès le début.	❏	❏
9. Servez-vous du temps comme d'un allié. Déterminez un temps pour la discussion. Ne laissez pas un sujet déborder sur toute la réunion, laissant en plan le reste des points à discuter.	❏	❏
10. Reprenez les mesures à prendre ou les mises à jour de ce qu'il faut faire tel que stipulé aux précédentes réunions.	❏	❏

	Fait	En cours
11. Concentrez-vous sur les points à l'ordre du jour. Ne laissez pas les hésitations, les scandales (même s'ils sont bien croustillants) ou les bavardages vous en faire dévier.	❏	❏
12. Identifiez celui qui parle et celui qui se tait. Répartissez le temps et les occasions de participer.	❏	❏
13. Prenez des notes et soyez clair sur qui fera le suivi, de quelle façon et à quel moment.	❏	❏
14. Vérifiez que tout le monde comprend.	❏	❏
15. Prévoyez le moment et la date de toute réunion ultérieure et, si possible, ébauchez l'ordre du jour.	❏	❏
16. N'incluez pas un point « questions diverses » (souvent appelé « varia ») dans votre ordre du jour. C'est un encouragement au bavardage.	❏	❏
17. Laissez la salle dans l'état où vous l'avez trouvée en entrant.	❏	❏
18. Préparez et distribuez le compte rendu.	❏	❏
19. Planifiez et supervisez les suivis.	❏	❏
20. Évaluez la réunion et la façon dont vous l'avez conduite, puis demandez une rétroaction aux participants.	❏	❏

Ces réunions qui nous ressemblent

Voici quelques-unes des personnalités qu'il vous est tout à fait possible de rencontrer autour d'une table, et quelques suggestions sur la façon de les cerner et de les gérer.

Les adversaires

Les adversaires sont deux personnes qui se servent d'une réunion pour piquer l'autre au vif, s'asticoter l'une l'autre et marquer des points. L'une essaie de faire passer l'autre pour une idiote. Les adversaires se font des remarques caustiques, sarcastiques ou même agressives, et se servent du sujet abordé comme d'une arme contre l'autre.

Comment agir avec eux ?

Pas de pagaille ici : demandez-leur de garder cela en dehors de la réunion. « Grégoire, Timothée, quel que soit le problème entre vous, restez tranquilles jusqu'à la fin de la réunion. Je ne suis pas là pour arbitrer une dispute personnelle, et nous sommes tous ici pour qu'un certain travail soit fait. »

Essayez d'être réfléchi : « Si je vous comprends, tous les deux (ou trois, ou quatre, ou plus ? Au secours…), vous voulez vous servir de cette réunion pour régler vos problèmes. Qu'en pense le reste du groupe ? Voulons-nous voir la fin de la bagarre ou poursuivre la réunion ? » Le reste du groupe sera de votre côté, je vous le garantis !

Recentrez les adversaires, donnez-leur des tâches précises à faire. Donnez un caractère officiel à leur rivalité : « Nous savons que tous les deux, vous n'avez pas une bonne relation. Vous venez de deux services distincts qui travaillent différemment et vous gérez chacun un aspect différent du processus. Toutefois, dans le but de faire avancer cette réunion, est-ce que je peux vous demander de vous voir comme deux personnes qui travaillent au sein d'un même groupe ? »

Les chuchoteurs

Les chuchoteurs font des commentaires à voix basse à leurs voisins.

Comment agir avec eux ?

Souvenez-vous qu'il n'y a qu'un seul chuchoteur : les autres sont ceux à qui on chuchote des choses, souvent les victimes involontaires du chuchoteur. Si c'est le cas, trouvez à ceux-ci une excuse pour qu'ils puissent changer de place – elle sera moins exposée aux courants d'air, moins ensoleillée, plus près du radiateur, plus près de la porte car ils peuvent avoir besoin de partir plus tôt.

Recentrez l'attention du chuchoteur en l'appelant par son nom, en lui posant une question. Établissez un contact visuel pour qu'il sache que vous avez conscience de ses chuchotements ; servez-vous de votre langage corporel pour faire passer votre message.

Les confus

Les confus font des commentaires vagues et abstraits, posent des questions obscures et sans queue ni tête.

Comment agir avec eux ?

Dites : « William, je suis désolé, mais je ne suis pas sûr d'avoir compris votre point de vue. Vous pensez que… ? » Taisez-vous et laissez-le s'expliquer à nouveau. Clarifiez ce qu'il a exprimé en demandant qui, quoi, quand, où et comment. Faites appel au reste du groupe : « Suis-je trop vague ? Je n'ai pas bien compris ce qu'a voulu dire William. Quelqu'un peut-il m'aider ? » Le groupe viendra à votre secours (c'est garanti) et, probablement, demandera au nébuleux intervenant d'expliciter son point de vue.

Les dinosaures

Les dinosaures sont réticents à bouger, à accepter une nouvelle idée ou une nouvelle façon de travailler, voire incapables de le faire. Ils adoptent des positions sans nuances, du genre tout noir ou tout blanc, tout bon ou tout mauvais, et ont des préjugés et des opinions arrêtées. Ils se sentent mal à l'aise avec l'abstraction ou les pensées nouvelles.

Comment agir avec eux ?

Respectez ce qui s'est fait antérieurement et gardez-en le meilleur pour aller de l'avant. Adoptez une approche méthodique. Mettez-vous d'accord avec les dinosaures, contestez une partie de ce qu'ils avancent, détournez les critiques et réfléchissez ensemble sur ce qui s'en vient. « David, essayez de vous mettre à la place de l'entreprise. Nous ne pouvons faire du sur-place. Au fil du temps, les choses changent, et nous devons avancer. Nous devons penser efficacité et rentabilité pour pouvoir survivre et conserver nos emplois. » Ou encore : « Avec tout le respect que j'ai pour vous, David, ne pensez-vous pas qu'il est temps de lâcher prise et d'avancer ? »

Vous pouvez leur donner la tâche d'être les gardiens du passé. Mettez-les aux archives, ou à l'accueil. Soyez actif dans votre rapport à l'histoire de l'entreprise : « David, nous devons adopter cette nouvelle approche, mais j'ai à cœur d'éviter de jeter le bébé avec l'eau du bain. Quelles sont les trois choses les plus importantes que nous devons conserver dans cette nouvelle approche ? »

Les empressés

Les empressés essaient sans cesse d'aider, mais leurs interventions font plus de mal que de bien.

Comment agir avec eux ?

Utilisez le langage non verbal – hochements de tête et sourires –, mais n'engagez aucune interaction verbale. Debout ou assis, inclinez-vous à l'opposé de la partie de la salle où ils sont assis. Cela vous sert à envoyer un fort signal non verbal qui indique que vous ne leur prêtez pas attention.

S'ils ne comprennent pas, ne vous laissez pas tenter par le fait de marquer des points ou de les mettre mal à l'aise – vous avez besoin qu'ils restent motivés. Faites simplement le point à nouveau et expliquez encore ce que vous avez voulu dire. Ou demandez-leur d'expliquer la pertinence de leur remarque : « Je ne suis pas sûr de voir le rapport, Suzanne. » Avec un peu de chance, le dire deux fois fera que les remarques sembleront stupides, même à Suzanne ! Les autres participants de la réunion se rendront compte de ce qui se passe et vous donneront beaucoup de « bons points » pour votre patience.

Détournez l'enthousiasme déplacé des empressés en faisant participer les autres : « Suzanne, que pensez-vous de ce que vient de dire Marie ? » Un entretien particulier pendant la pause peut vous faciliter la vie pendant la seconde moitié de la rencontre : « Suzanne, je connais votre enthousiasme à ce sujet mais, pour m'aider à impliquer davantage les autres, voyez-vous un inconvénient à ne pas intervenir pendant le reste de la réunion ? »

Les endormis

Les endormis bâillent, étouffent leurs plus longs bâillements, ont les paupières qui s'alourdissent, ferment les yeux... et ne sont plus là !

Comment agir avec eux ?

Essayez de les revigorer : utilisez leur nom, posez des questions. Faites une pause, ouvrez la fenêtre. Montrez-vous compatissant : ils se sont probablement levés tôt, ont eu un long trajet ou sont restés debout toute la nuit à cause du bébé.

Donnez-leur l'autorisation non verbale de faire une sieste rapide ! De toute façon, après le dîner, assurez-vous de dire : « Tous ceux qui ont plus de 50 ans ont ma permission de faire la sieste pendant que le reste d'entre nous continuera et prendra les décisions. » Je vous garantis que cela tiendra tout le monde éveillé !

Les experts

Les experts veulent être reconnus en tant que tels. Ils veulent être mis en vedette et sont convaincus qu'ils en savent autant que vous, sinon plus. Ils interrompent la discussion pour exprimer leur désaccord, raconter des histoires et créer des occasions de démontrer leur propre savoir-faire.

Comment agir avec eux ?

Remerciez-les de leur contribution, rassurez-les en leur confirmant que leur savoir-faire est apprécié. Donnez-leur des tâches et des projets spécifiques. Demandez-leur des détails et des précisions qui renforceront votre message. Considérez-les comme des égaux, demandez-leur de l'aide sur un problème vraiment difficile et consultez-les pendant les pauses. Les experts manquent souvent d'assurance et ont besoin de montrer qu'ils connaissent leur affaire. Laissez-les le faire et utilisez-les comme ressource.

S'ils se montrent vraiment importuns, noyez-les dans les détails et le travail !

Les exubérants

Les exubérants posent des questions embarrassantes sur leur situation personnelle ou se complaisent à faire des révélations intimes, à laver leur linge sale en public ou à se lancer dans des anecdotes qui ne concernent qu'eux. Seulement, leur candeur embarrasse les autres.

Comment agir avec eux ?

Réagissez aussi vite que vous le pouvez : « Merci, Jean. Maintenant, concentrons-nous sur l'étape suivante. » Essayez de recentrer le groupe. Demandez : « Selon vous, en quoi cette expérience personnelle correspond-elle à ce dont nous sommes en train de parler ? » Soyez ferme. Faites remarquer en toute bonne foi et sans détour aux exubérants qu'ils sont déplacés, adressez-leur votre sourire le plus charmant et continuez. Les autres vous soutiendront. Les gens détestent se sentir mal à l'aise, même en groupe.

Les fauteurs de troubles

Les fauteurs de troubles veulent de l'attention, même si elle est négative. Ils font des remarques agressives ou insultantes et posent leurs questions de façon brutale. Leur attitude est négative ou hostile envers vous, la réunion ou les autres. Ils expriment leur désaccord haut et fort, et de façon désagréable.

Comment agir avec eux ?

Répétez ce qu'ils disent : « Thomas, si je vous comprends bien, ce que vous êtes en train de dire c'est que... » Tournez-vous vers le groupe : « Le formuleriez-vous de la même façon ? » La réponse sera non. Le fauteur de troubles réalisera qu'il se crée du tort en se faisant des ennemis au sein du groupe.

Les frimeurs

Les frimeurs cherchent la lumière des projecteurs. Vous aider ne les intéresse pas ; ils veulent seulement impressionner les autres. Ils vous dénigrent pour marquer des points, monopolisent les discussions et s'aliènent les autres dans le processus. C'est le genre de personnes dont ma mère dit qu'elles ont la grosse tête.

Comment agir avec eux ?

Habituellement, les frimeurs manquent d'assurance – les gens qui sont vraiment bons dans ce qu'ils font ne s'inquiètent pas des autres. Confrontez-les en leur demandant des clarifications, des explications, des précisions. Ou laissez-les faire, et il y a des chances pour qu'un autre membre du groupe les remette à leur place.

Donnez-leur une tâche à accomplir pour qu'ils puissent briller. Demandez-leur de l'aide sur un projet. Utilisez leur énergie à votre avantage.

Si rien ne fonctionne, essayez ceci : « Sylvie, je sais que vous vous y connaissez, mais il n'en est pas de même pour les autres membres du groupe. Je veux qu'ils aient une idée des problèmes, à leur propre rythme – c'est à ça que j'espérais que vous travailleriez, au départ. Je vais vous demander de ne pas intervenir pendant les réunions pour que les autres rattrapent leur décalage. Sinon, ils vont rester là à nous écouter parler, vous et moi. Ce n'est pas l'idéal, n'est-ce pas ? »

Les griffonneurs

Les griffonneurs sont des gens qui font des dessins plus ou moins élaborés sur leur bloc-notes pendant que vous parlez.

Comment agir avec eux?

Ce que font les griffonneurs a-t-il de l'importance? Êtes-vous simplement fâché contre vous-même parce que vous n'arrivez pas à capter leur pleine attention? S'ils semblent suivre ce qui se passe, n'y faites pas attention.

Si vous pensez que c'est le signe qu'ils ne font pas attention, interpelez-les à l'occasion, demandez-leur de prendre des notes pendant la réunion, par exemple si vous utilisez un tableau de conférence.

Si vous voulez être le champion des animateurs de réunions, reconnaissez les talents artistiques du griffonneur et demandez-lui de produire une représentation visuelle des décisions prises et des mesures à prendre déterminées pendant la réunion.

Les hostiles

Les gens hostiles interprètent toute nouvelle idée comme une attaque personnelle, une remise en cause de leur comportement ou de leur savoir. Ils remettent tout en question, contestent l'utilité et la pertinence de faire telle ou telle chose, refusent de tenir quelque rôle que ce soit.

Comment agir avec eux?

Interpelez-les, utilisez-les comme exemple : « Imaginons que l'équipe d'Isaac a commencé à utiliser le nouveau système et qu'elle a détecté un problème… » Cela les met tout de suite au cœur des événements. Si vous savez qu'il est possible qu'ils soient hostiles, essayez d'anticiper. « Aujourd'hui, nous devons partager nos expériences. Nous avons évidemment fait cela de façon similaire avant. S'il y a quelqu'un qui ne pense pas pouvoir aider ses collègues et ne veut pas se joindre aux autres, c'est le moment de le faire savoir. » Si Isaac reste, c'est que, comme tout le monde, il adhère à cette façon de faire. Il lui sera difficile par la suite de faire marche arrière.

Par-dessus tout, soyez sensible à la raison de leur hostilité : jalousie, sentiment d'être négligé, ou encore ignoré au moment des promotions… Il y a forcément une raison.

Les pas vites

Les lents ont l'habitude de ne rien comprendre, font à tout bout de champ des remarques spontanées et posent des questions qui montrent qu'ils n'ont pas compris, en plus de mal répondre aux questions qui sont posées.

Comment agir avec eux ?

Évitez de les mettre mal à l'aise, sinon vous refroidirez leur enthousiasme et ils ne participeront plus. Reformulez votre question ou vos remarques. Acceptez la responsabilité de ce qui arrive :

« Christophe, je pense que je n'ai été suffisamment clair. Ce que j'essayais de dire, c'est… » ou « Non, Christophe, laissez-moi vous arrêter ici. Je n'ai pas bien expliqué ça. »

Récapitulez. Demandez si c'est nécessaire et, quelle que soit la réponse, réaffirmez votre position : « Quelqu'un a-t-il besoin que je récapitule ? Au cas où vous seriez trop réservés pour le dire, laissez-moi repasser le tout rapidement. »

Les pirates

Les pirates veulent s'approprier la conduite de la réunion. Par exemple, ils suggèrent qu'il serait plus utile d'aborder tel autre sujet, posent des questions qui vous éloignent de l'ordre du jour, essaient d'utiliser la réunion pour résoudre un problème qui leur est personnel.

Comment agir avec eux ?

Recentrez la réunion en les remerciant pour leurs remarques et rappelez-leur quel sujet est en cours de discussion. « Hélène, si je vous comprends bien, vous parlez de… En ce moment, nous concentrons vraiment notre attention sur… » Puis demandez au groupe quelle direction il veut prendre ; demandez-lui son aide pour changer la structure de la réunion afin de mieux répondre aux besoins de tous les participants. Il vous soutiendra, promis ! Vérifiez régulièrement avec le groupe que c'est bien ce qu'il veut. Généralement, ça ne l'est pas !

Les réservés

Les timides évitent le contact visuel, rougissent facilement, parlent rarement et à voix basse. Ils ne fournissent jamais l'information spontanément. Et il n'y a pas que les filles qui rougissent, les garçons aussi !

Comment agir avec eux ?

Les rares fois où les timides participent, mettez leurs remarques à profit, même si ce n'est pas le meilleur commentaire que vous ayez jamais entendu sur le sujet. Les éloges rassurent les timides : « Simon, c'est un très bon point. Que pensez-vous de… ? » Faites suivre immédiatement d'une question fermée.

Utilisez leur nom dans les exemples que vous donnez. Communiquez avec le plus timide en prétendant que le groupe entier manque d'assurance. « Certains d'entre vous sont ici pour la première fois, et je comprends que vous êtes peut-être réservés, que vous n'aimez pas parler devant des collègues. Je ne doute pas que d'autres compenseront en exprimant leur opinion haut et fort. Ce qui est important, c'est que, avant de terminer la réunion, chacun ait pu s'exprimer. Vous êtes tous ici parce que nous savons que vous avez quelque chose à apporter, et je veux, nous voulons tous vous entendre. »

Demandez leur opinion aux gens, mais au niveau professionnel. « Sylvia, quel est votre point de vue sur ce sujet en tant qu'infirmière ? » ou « Yann, que fait le service des technologies de l'information dans ce genre de cas ? »

Les rigolos

Les rigolos ne peuvent pas s'arrêter de dire des plaisanteries et de raconter des histoires drôles. Ils plaisantent sur les sujets sérieux, font des allusions (vulgaires), ne manquent jamais un jeu de mots et se moquent des autres pendant la réunion.

Comment agir avec eux ?

Si son humour est supportable, essayez d'utiliser le rigolo. Ne le réprimez pas, et servez-vous-en – ne pas répondre à l'humour peut donner un air coincé à un bon patron.

Toutefois, il y a une limite à ne pas laisser franchir : les plaisanteries douteuses, vous pouvez vous en passer, surtout dans un milieu plutôt masculin où il y a peu de femmes. Quelques-unes d'entre elles ont appris à tolérer ce genre de chose, mais pourquoi le devraient-elles ? Regardez le rigolo dans les yeux et gratifiez-le de votre plus beau sourire : « Jacob, nous aimons tous rire, mais je pense que nous pouvons laisser ce genre d'histoire pour les bars, vous ne trouvez pas ? Nous sommes au cœur d'un sujet important, alors mettons-nous au travail. »

N'ayez pas peur de confronter le rigolo : « Jacob, ce genre d'histoires peut être indiqué pour des activités sociales auxquelles les gens peuvent choisir ou non de participer, mais quand nous travaillons, nous devons nous respecter les uns les autres, alors passons-nous de ça ici. »

Après des interventions inappropriées, choisissez quelque chose de sérieux et demandez au rigolo d'en tirer une plaisanterie. Ou essayez de le faire taire par des moyens non verbaux. Par exemple, ignorez ce qu'il dit et adoptez une position qui vous permette d'éviter un contact visuel. Demandez-lui son aide dans un projet où son humour peut être un point positif.

Les rouspéteurs

Les rouspéteurs sont négatifs et fatalistes en tout, même au niveau de leur langage corporel. Ils haussent les épaules, soupirent et se plaignent de tout. « Soit dit en passant, je ne voulais pas venir. » Ils gémissent et geignent si on leur demande de faire quelque chose ou de participer.

Comment agir avec eux ?

Reflétez ce que disent les rouspéteurs en le leur répétant, puis demandez aux autres ce qu'ils en pensent. « Géraldine, vous êtes donc en train de dire que ça ne marchera jamais. » Attendez la réponse. « Sommes-nous tous d'accord avec cette affirmation ? »

Demandez aux rouspéteurs de réfléchir aux conséquences de leur point de vue : « Géraldine, si nous pensions tous comme cela, où irions-nous ? » S'ils en sont intellectuellement capables, demandez-leur d'être les avocats du diable. Discutez de leurs réserves et de leur négativité en dehors de la réunion.

Donnez-leur une chance de prendre la parole devant l'assistance et de dire ce qu'ils ont sur le cœur. Donnez-leur de l'espace, mais ensuite, .continuez. Tracez une limite : « Géraldine, nous vous avons laissé exprimer ce que vous pensiez, maintenant, je pense que la plupart d'entre nous sont d'accord sur le fait qu'il est temps d'avancer. N'est-ce pas ? »

Les sournois

Les sournois semblent attendre de vous piéger. Ils sautent sur toutes les occasions de démontrer que vous êtes plein de préjugés ou peu professionnel. Ils font remarquer les contradictions dans les discussions.

Comment agir avec eux ?

Si les sournois vous piègent, servez-vous de votre sourire le plus éclatant, excusez-vous et remerciez-les d'avoir identifié le problème. Demandez-leur de continuer d'être attentifs. Suscitez leurs critiques ou leur point de vue quand ils n'en émettent pas. Mettez-leur un peu de pression pour trouver les erreurs et invitez-les à donner des rétroactions, ils se calmeront vite. Oui, vraiment !

Les Speedy Gonzales

Le Speedy Gonzales est toujours un pas en avant de tout le monde lorsqu'il pose des questions, et il se montre impatient avec les collègues plus lents. Il demande à avancer avant que vous ne soyez prêt, et il termine les exercices et les tâches bien avant les autres.

Comment agir avec eux ?

Demandez-lui d'être patient, expliquez pourquoi les autres ont besoin de plus de temps. « Gonzalo, vous êtes un véritable champion, mais les autres ne sont pas aussi habitués et ils ont besoin de plus de temps. Ne jouons pas les rabat-joie. Je sais que vous connaissez les réponses, mais est-ce que je peux vous demander d'attendre et de donner aux autres une chance de répondre, afin qu'ils en viennent à se sentir aussi sûrs d'eux que vous l'êtes ? »

S'il est vraiment bon, donnez-lui du travail à faire ; plus ce sera compliqué, mieux ce sera !

Les tatillons

Les tatillons veulent suivre les règles, même au détriment de l'efficacité. Ils interrompent la discussion pour ergoter sur des détails, font remarquer des fautes d'orthographe pendant la projection de diapositives ou de transparents. Ils exaspèrent les autres avec des analyses interminables et des explications à n'en plus finir.

Comment agir avec eux ?

Utilisez la technique qui consiste à utiliser sa propre expérience. « Nathalie, merci de nous avoir fait cette remarque. L'orthographe n'est pas mon point fort, alors repérez la prochaine faute ! »

Vous pouvez utiliser des anecdotes ou des métaphores pour raconter une histoire dans laquelle apparaît un besoin de flexibilité.

Remerciez-les d'avoir rappelé les règles à tout le monde et expliquez pourquoi il est nécessaire de faire quelque chose de différent cette fois-ci : « Nathalie, ce n'est pas le niveau de détail sur lequel je veux travailler aujourd'hui. Je sais que ce sera important, mais si nous n'avançons pas, nous allons prendre du retard. »

Les cinq règles d'or pour des réunions productives

1. Préparez-vous

« Pas besoin d'ordre du jour : faisons un remue-méninges. » N'essayez même pas : ça ne marche pas. Il est plus facile pour les gens de se mettre d'accord sur les rectifications à un texte déjà écrit, de changer l'ordre des priorités déjà établies et de modifier une procédure déjà décrite. Mettez quelque chose sur papier et attendez-vous à ce que ce soit transformé du tout au tout. Ce n'est pas un problème : le but de cet écrit est de diriger l'attention des participants. Commencez par : « C'est la première fois que nous essayons de résoudre cela/de planifier quelque chose comme ça/de régler ce type de problème. Pour essayer de faciliter les choses, j'ai pris quelques notes/j'ai noté des suggestions/des idées/des repères. Ce n'est rien de définitif, donc sentez-vous à l'aise de tout modifier, mais servons-nous-en pour commencer la discussion. »

2. Faites en sorte que les techniciens et les experts restent alignés sur l'objectif ou la tâche

Il est facile de se perdre dans les détails. Les experts et les techniciens peuvent nous embarquer dans des calculs compliqués pour nous expliquer combien d'anges peuvent danser sur la tête d'une épingle. Utilisez la règle du 80 % : si vous pouvez vous entendre sur 80 % d'un accord, d'un projet ou d'une idée, alors allez-y. Le reste suivra. Utilisez des échéanciers, des objectifs et des résultats attendus pour vous aider, et servez-vous de balises pour vous assurer que même les petits génies remettront en temps et heure leur petite partie bien détaillée.

3. Demandez-leur s'ils peuvent s'engager

Si vous êtes en réunion, en négociation ou en planification de partenariat, assurez-vous non seulement que les autres peuvent dire oui mais qu'ils disposent aussi d'un budget ou qu'ils peuvent apposer une signature sur un contrat. Si vous n'en êtes pas certain, ne perdez pas votre temps et posez la question : « Mon entreprise m'autorise à engager jusqu'à 5 millions de dollars sur ce genre de projet/à conclure ce genre de transaction/à engager l'entreprise sans avoir à consulter qui que ce soit. Sommes-nous tous dans la même situation ? »

4. Expliquez clairement les objectifs et n'en démordez pas

En réunion, on peut facilement s'éloigner du sujet. Soyez clair au départ sur les objectifs et prenez le temps d'expliquer comment se déroulera la rencontre. Assurez-vous que tout le monde comprend et est d'accord avec le travail à faire. Si quelqu'un commence à s'écarter du sujet, rappelez-lui ce que vous essayez d'accomplir. Il est important aussi que tout le monde connaisse les engagements à respecter ainsi que les détails de l'échéancier. Expliquez-les bien clairement et, si vous risquez gros en cas d'échec du projet, restez en contact avec tout le monde (en dehors des moments de réunion) pour vous assurer que chacun respecte bien les objectifs et les échéanciers.

5. *Assurez-vous que vous avez un compte rendu ou un procès-verbal*

À chaque réunion importante, prenez des notes ou élaborez un compte rendu. Distribuez ce dernier au moment adéquat, avant la réunion suivante et le plus rapidement possible après que la réunion a eu lieu. Demandez des commentaires et des corrections, si nécessaires, avant la réunion suivante, de façon à vous assurer que les choses sont réglées pendant que la mémoire de chacun est encore fraîche. Si vous animez la réunion, il n'est pas approprié de prendre les notes en même temps ; demandez à quelqu'un de le faire pour vous. C'est un travail que vous pouvez confier à un tatillon ou à un frimeur ; cela les occupe et les fait se sentir importants !

23

Si les choses ne changent pas, elles resteront telles qu'elles sont

Les réponses émotionnelles au changement

Vous connaissez sans doute l'expression « gestion du changement », tout particulièrement en vogue dans les années 1990. Je n'en ai jamais vraiment compris la signification. Quel est le but de la gestion si ce n'est justement celui d'anticiper le changement ? Le changement est au cœur même de la gestion ; si les choses ne changeaient pas, nous pourrions nous débrouiller avec des administrateurs et des employés de bureau, et cela coûterait moins cher !

En vérité, quelques-uns des gestionnaires que j'ai rencontrés sont à peine plus que des gestionnaires de processus. Les véritables gestionnaires, quant à eux, se démarquent par leur habileté à gérer le changement. Cela demande du leadership, du courage et la capacité d'arriver à saisir ce qui fait bouger les gens.

Mais pourquoi donc les gens détestent-ils le changement ? Parce que souvent :

• ils sont fâchés de ce qui arrive ;

- ils se sentent désorientés ;
- ils ont le sentiment d'être laissés pour compte ;
- ils ont l'impression d'être précipités dans le chaos.

Les gens sont fâchés que les choses changent ? Oh oui ! Ils sont désorientés par ce qui arrive. Cette confusion crée le sentiment d'être laissés de côté, ou qu'on ne veut plus d'eux. Cela leur donne l'impression de se retrouver dans un milieu chaotique, où les gens mécontents rechercheront un autre emploi, les gens compétents passeront chez un concurrent (pendant qu'ils le peuvent), et le reste travaillera dans un véritable champ de bataille où régnera un vif ressentiment qui empêchera de voir ce qui se passe.

 A T T E N T I O N

Tous ne ressentent pas les quatre émotions évoquées plus haut, et le passage de l'une à l'autre n'est pas nécessairement un chemin suivi par tous. Mais vous pouvez parier que tous en connaîtront certaines et que certains les connaîtront toutes.

Ces quatre sentiments sont les réponses émotionnelles des gens au changement. Comprendre qu'ils existent est au cœur de ce que vous avez besoin de savoir sur la gestion du changement. C'est même essentiel.

De nos jours, personne ne s'attend à travailler au même endroit toute sa vie. Chacun travaille là où il travaille pour un certain nombre de raisons. Cela va de « c'est le seul endroit où j'ai pu trouver du travail » à « j'aime mon travail et mes collègues ». Cela peut aussi aller de « j'utilise ce travail comme un tremplin vers un emploi plus intéressant » à « j'attends l'heure de la retraite ».

Vous pouvez dresser la liste de mille raisons différentes qui expliquent pourquoi un millier de personnes exercent tel ou tel emploi. Qu'ont-elles en commun ? À de très rares exceptions près, les gens travaillent parce qu'ils le doivent. Ils ont besoin d'argent. En d'autres termes, ils ont besoin de sécurité. Et le changement menace la sécurité. C'est aussi simple que ça. Si les gens qui travaillent se sentent menacés, ils se font du souci, ils deviennent difficiles et ils sont moins performants.

Gérer des gens malcommodes pendant une période de changement

Pendant une période de changement, on doit s'attendre à ce que les gens soient malcommodes. Vous pouvez vous attendre à tout, même de la part de ceux qui sont habituellement adorables ! Souvenez-vous : il est question de sécurité. La sécurité (ou le manque de sécurité) ronge autant les gens agréables que ceux qui le sont moins.

 A S T U C E

Il arrive rarement que tout doive être changé. En cas de grand changement, il est nécessaire de reconnaître ce qui était bien dans le passé et d'en tirer le meilleur pour l'inclure dans l'avenir.

Les gens en colère

Ils sont en colère ? Évidemment, pourquoi ne le seraient-ils pas ? Ils ont été des employés loyaux à cette entreprise pendant une éternité. Ils ont fait de leur mieux et donné tout ce qui leur était demandé. Et tout à coup, quelqu'un veut tout changer autour d'eux. Ils rentrent à la maison et se plaignent à leurs proches, à leurs amis, et ils se plaignent aussi aux gens avec qui ils travaillent.

Quelle est la réponse à cette situation ? Facile. Demandez : « Christophe, je sais que vous êtes fâché des changements qui sont mis en place. Dites-moi pourquoi et voyons s'il y a quelque chose que nous puissions faire. » Ces quelques mots ne servent qu'à amorcer la conversation. Attendez-vous à entendre : « Ne me demandez rien. Personne ne m'écoute jamais. »

Répondez : « Je suis désolé que vous pensiez cela. Je suis là et je vous écoute. Que pensez-vous que je devrais savoir ? » Demandez-leur ce qui était bien dans leur travail avant que le changement ne soit mis en place.

Ne provoquez pas de trop grandes espérances. Soyez réaliste. Toutefois, vous pouvez vous montrer compatissant, compréhensif et d'un grand soutien : « Le changement est difficile pour nous tous, mais si nous ne nous orientons pas vers des méthodes de travail plus adaptées, nos frais généraux continueront de grimper et cela affectera notre compétitivité. » ou « Je sais combien vous vous êtes investi dans votre travail, et c'est la raison pour laquelle nous aimerions que vous essayiez de le faire autrement. Qui d'autre que vous est mieux placé pour faire un essai pendant quelques mois et l'évaluer à partir de sa grande expérience ? » Mettez-vous d'accord sur une action à entreprendre qui impliquera Christophe-en-colère.

Les gens désorientés

S'ils ont fait ce même travail pendant des années, sans doute toujours de la même manière, ils seront sûrement désorientés lorsqu'une tête dirigeante de leur entreprise viendra tout changer. Cela va au-delà du travail en lui-même et a davantage à voir avec l'image de soi et le sentiment de perte. C'est un sentiment courant parmi les employés qui sont restés longtemps dans une entreprise ; le changement peut leur faire vivre un véritable deuil.

Ces employés se demanderont comment (et même si) ils s'adapteront. Attirez leur attention sur les changements et la façon dont ceux-ci peuvent mener à une plus grande satisfaction au travail. Dites : « Christine, vous avez fait un très bon travail pour nous, et nous espérons que les changements feront que votre travail sera plus facile/vous irez plus vite/ce sera moins bruyant/ce sera plus sécuritaire/ce sera encore plus satisfaisant/vous aurez davantage (ou moins) de contact avec les clients. » Concentrez-vous sur le côté positif des changements et sur ce qu'ils peuvent apporter à Christine-qui-est-désorientée.

Les gens qui se sentent laissés pour compte

Des quatre sentiments dont nous avons parlé en début de chapitre, celui-ci est le plus courant. C'est qu'est parfois négligée une action fort importante, la communication, augmentant par là le sentiment qu'ont les gens d'être des laissés-pour-compte. Plus l'entreprise est grande, plus le changement est complexe, plus le changement est mis en place rapidement, plus il y aura de gens qui n'auront pas la moindre idée de ce qui se passe.

Les gens qui se sentent abandonnés exigeront de vous toute votre patience. Vous avez peut-être envoyé des tonnes de lettres d'information, tenu un nombre incalculable de séances d'information et bombardé l'entreprise de courriels d'information, il y aura toujours un ou deux individus (et souvent beaucoup plus) qui ne sauront pas ce qui se passe.

Écoutez les gens parler de leur nouveau service, de leur nouveau lieu de travail ou de leur nouvelle fonction. Vous les entendrez dire : « Il n'y a plus de place pour une personne de mon âge. » Expliquez-leur comment ils s'intègrent dans la nouvelle organisation, les raisons du changement et le rôle qu'ils peuvent jouer : « Chloé, je suis désolé si tout ce changement vous laisse penser que nous n'accordons pas de valeur à la personne que vous êtes. Ce n'est pas du tout le cas. La nouvelle entreprise a besoin de gens qui ont de l'expérience comme vous, nous avons besoin de votre savoir-faire pour nous aider à nous développer. Maintenant, dites-moi ce qui vous embête. »

Et, surtout, n'en restez pas là. Les gens qui déclarent ne pas savoir où ils en sont et ce qui se passe utilisent parfois ce moyen comme mécanisme de défense ; en d'autres termes, ils ne veulent pas savoir ce qui se passe. Donc, mettez-vous d'accord sur quelques objectifs à atteindre en lien avec le changement et assurez-vous d'en suivre l'évolution de près. De cette façon, celui qui ne sait plus où il en est est occupé. Car si vous donnez à Chloé-qui-se-sent-laissée-pour-compte une place pour se cacher, souvent, elle le fera.

A S T U C E ════════════════════════════════════

Quand vous gérez un changement, vous vous devez d'expliquer ce qui se passe.

Ces explications se doivent d'être aussi fréquentes et aussi claires que possible. Tenez-vous prêt à clarifier encore et encore.

Ces explications doivent également être données de manière à intéresser les gens impliqués. Expliquez les changements non pas du point de vue de l'entreprise (il faudra le faire, mais pas maintenant), mais plutôt du point de vue de l'individu, de la manière dont cela l'affectera, ce que cela signifie pour lui, personnellement, au jour le jour. Cela engage les gens à un niveau personnel dans le processus de changement. ═════

 A T T E N T I O N ══════════════════════════════

Les petites entreprises ont aussi parfois des problèmes de communication. Les patrons pensent souvent que parce que l'entreprise est petite, tout le monde sait ce qui se passe, mais c'est faux. Les petites entreprises doivent communiquer aussi ! ═══════════════════════

Les gens qui ont l'impression d'être dans le chaos

« Je n'ai aucune idée de l'endroit où je me situe dans toute cette pagaille. Je ne sais pas ce que je suis censé faire. Tout ce que je sais, c'est que c'est le chaos. » Vous entendrez sûrement quelque chose du genre un jour ou l'autre.

Commencez par renforcer leur sentiment de confiance. Demandez à celui qui a l'impression d'être dans le désordre le plus total d'expliquer en quoi selon lui consistent les changements, puis dites : « C'est un bon résumé, Colin. Prenons le temps d'en examiner les détails. » Peu importe ce qu'aura dit votre interlocuteur, il s'agit de reprendre les faits à partir du début pour rassurer Colin-qui-a-l'impression-d'être-plongé-dans-lechaos et lui permettre de se repérer dans les dédales du changement. C'est mieux que de dire : « Colin, même un idiot pourrait comprendre ça. C'est quoi, ton problème ? »

 A T T E N T I O N ═══════════════════════════

Quand la gestion devient-elle manipulation ? Les grands gestionnaires arrivent à maintenir la confiance en soi et l'équilibre de ceux qui les entourent. Ils encouragent leurs employés à croire en eux-mêmes et trouvent des manières de leur montrer qu'ils ont confiance en eux. ═══════

24

Gérer les conflits :
10 mesures pour les apaiser

Échéances, objectifs, résultats, évaluations, sphères de pouvoir, pression, responsabilités... il n'y a rien d'étonnant à ce que les relations de travail se détériorent. Tensions, anxiété, stress et malaise s'accumulent. Une chose ou une autre a allumé la mèche et...

bang !

À quoi vous attendiez-vous ?

Mais que pouvez-vous faire ? Le conflit est-il inévitable ? Non, il ne l'est pas. Voici donc 10 mesures toute simples à prendre pour désamorcer les tensions.

Vous pouvez être celui qui ne se laisse pas démonter. Vous pouvez être celui qui reste calme en essuyant les critiques. Vous pouvez être un artisan de la paix – et vous n'avez pour cela pas besoin d'être l'incarnation vivante de Mère Teresa. C'est vraiment très simple.

1. Gérez l'agressivité sans technologie interposée. Ne le faites pas par courriel, télécopie, note de service, messagerie vocale, lettre ou répondeur. Les gens qui veulent faire la paix le font face à face. Difficile ? Oui, quelquefois. Mais laisser des messages et envoyer des billets ne fait que créer un terreau où pourrait germer ressentiment, rancune, rancœur, dépit et hostilité.

2. Montrez que vous comprenez. Vous pouvez utiliser les mots « je comprends », mais faites-le avec prudence. On utilise « je comprends » pour montrer son soutien et sa compréhension. Mais cela invite aussi à sa faire répondre : « Que voulez-vous dire par : "Je comprends ?" Comment pouvez-vous savoir ? » Il vaut mieux se servir du concept de la compréhension d'une façon différente. Essayez ceci : « Je vois que vous êtes vraiment contrarié. Il y a quelque temps, j'ai eu une engueulade avec quelqu'un ; j'étais tellement furieux ! J'imagine que c'est ainsi que vous vous sentez. Si c'est le cas, alors je pense que je comprends ce que vous ressentez. »

   Dire « je comprends » peut être interprété comme de la prétention ou de la condescendance, et cela risque d'aggraver la situation. Montrer que vous avez une idée de ce que ressent la personne aide à désamorcer la situation.

3. Il est facile de s'éloigner d'une dispute ou d'un conflit, surtout si vous vous sentez menacé. Mais n'attendez pas de recevoir un coup de poing sur le nez ! Partez avant ! Si vous vous sentez menacé par ce que l'autre personne vous dit, résistez à la tentation de vous refermer sur vous-même et de couper toute communication – ce n'est pas ainsi que vous redresserez la situation. Essayez de garder la communication ouverte.

4. Si vous êtes furieux contre quelqu'un, vous êtes devenu Monsieur Fâché ou Madame Furieuse.

Concentrez-vous sur ce qui a déclenché cette colère pour formuler une requête. Lorsqu'un collègue ne respecte pas une échéance, qu'un camarade de travail laisse le téléphone sonner sans répondre ou qu'un membre de votre famille a laissé traîner ses chaussures en haut de l'escalier, situation parfaite pour vous faire débouler jusqu'en bas, pensez à faire une demande : « Damien, est-ce que je peux vous demander de déposer ce travail sur mon bureau demain matin, s'il vous plaît ? » ou « Florence, pourriez-vous répondre au téléphone ? » ou « Est-ce que je peux demander à celui qui porte des chaussures de pointure 5 de venir les enlever du passage, s'il vous plaît ? »

Mais pourquoi demander ? Raison numéro 1 : penser à la bonne demande à faire vous donne une seconde pour éloigner les allumettes et oublier d'allumer la mèche. Raison numéro 2 : cela vous empêche de transformer un problème en conflit.

5. Devenez un miroir ou un magnétophone. Si quelqu'un pousse les hauts cris de façon agressive et menaçante, répétez très exactement les mots qu'il aura utilisés pour vous mettre mal à l'aise. Répétez-les exactement, mot pour mot : « Donc, Marianne, vous êtes en train de dire… » (Puis répétez.) Il y a des chances que la personne, lorsqu'elle aura entendu ce qu'elle a dit, réalise ce que cela a de blessant et d'inapproprié, et qu'alors elle se calme. Dans certains cas, vous devrez répéter plusieurs fois. Cette technique permet de se concentrer sur un problème et empêche la conversation de se transformer en algarade. Elle permet de ne pas déborder. Les experts en gestion appellent cadrage cette technique de résolution de conflit.

6. Acceptez votre colère et n'essayez pas d'en faire porter la responsabilité à quelqu'un d'autre. Il s'agit de *votre* colère, alors prenez-en la responsabilité. Essayez de dire : « Pierre, je suis vraiment en colère

lorsque vous me rendez des projets en retard et ne m'en avertissez pas. » C'est beaucoup mieux que de dire : « Vous me mettez vraiment en colère lorsque vous ne respectez pas vos échéances. » Vous voyez la différence ? Il n'y a pas de transfert de responsabilité, et Pierre n'a qu'à expliquer son retard sans avoir en même temps à gérer votre colère. C'est subtil, mais ça marche !

7. Devenez une Balance. Oui, je comprends bien que tout le monde ne peut pas être né entre le 23 septembre et le 22 octobre ! Cela vaut toutefois la peine de réfléchir à ce signe astrologique pour sa symbolique.

Si vous essayez de gérer un conflit, représentez-vous en train d'en mettre chacun des aspects dans les plateaux de la balance. Devenez une sorte de juge récapitulant une affaire. Soyez juste pour les deux parties : « D'un côté, je vois que le service technique n'aurait pas pu rendre le projet à temps parce que le service des ventes ne lui avait pas donné la demande précise du client. D'un autre côté, le service technique savait qu'il fallait faire le travail en huit semaines et il aurait pu demander l'information dont il avait besoin. Cependant, le service des ventes aurait pu être davantage conscient du fait que le non-respect des dates pouvait compromettre l'ensemble du projet. Je pense que chacun a sa part de responsabilité. Que devons-nous faire pour arranger les choses et nous assurer que cela ne se reproduira pas ? »

8. Exercez vos émotions comme vous exercez votre corps. Entraînez-vous à maîtriser vos émotions comme vous vous disciplinez à faire travailler vos muscles et votre endurance en gymnase. Soyez fier de contrôler votre colère de la même façon qu'un culturiste l'est de développer ses biceps. Faites preuve de sang-froid, perfectionnez votre maîtrise de vous-même.

Lorsqu'un conflit surgit, dites-vous qu'une occasion vous est fournie d'être maître de vous-même, de garder votre calme et de rester détendu. Plus vous vous entraînerez à l'être, mieux vous y parviendrez. C'est promis !

9. Vous bouillez de colère ? Vous êtes sur le point d'éclater ? Ne faites rien. Si vous savez que vous êtes en train de vous transformer en engin explosif, restez à distance du détonateur. Mettez de la distance entre vous, les autres et l'incident. Si la bêtise de quelqu'un a compromis tout ce sur quoi vous avez travaillé, concentrez-vous sur ce qui doit être fait pour sauver ce qui peut l'être.

   Faire savoir à quelqu'un ce que vous ressentez peut vous aider à vous sentir mieux mais ne résoudra pas le problème. Mettre du temps et de la distance entre vous et « l'idiot qui a causé tous ces ennuis » diminuera l'intensité de l'émotion, et vous serez mieux à même de voir l'état de la situation et de retracer l'origine du gâchis.

10. De temps en temps, vous vous autoriserez à être en colère. Faites-le avec dignité : pas de claquement de porte, pas de coup de poing sur la table, pas de lancer d'objet. Ce genre de geste fait peur aux gens, on peut se moquer de vous et, plus important, tout le monde se rappellera le jour où vous avez jeté une chaise sur un écran d'ordinateur. On se souviendra de vous comme de celui qui a fracassé un écran d'ordinateur. Vous serez perçu comme imprévisible, et de là à penser que vous êtes peu fiable, il n'y a qu'un pas. Vous allez perdre votre calme ? Faites-le dignement et choisissez vos mots avec soin. Il faut qu'on pense à vous comme quelqu'un qui a de la classe et non comme à un barbare !

25

Et finalement...

Si tout ce que je viens de vous expliquer sur les gens malcommodes vous déprime, pensez aux personnes qui vous rendent heureux, aux gens qui vous enchantent, à ceux que vous avez hâte de revoir et qui illuminent votre vie, aux collègues avec lesquels vous travaillez avec plaisir, aux collaborateurs qui sont fiables, honnêtes, ouverts et joyeux.

Mais comment faire avec *eux*? Tandis que l'univers, la galaxie, la planète, le continent, le pays, la région, la ville et votre entreprise utilisent de plus en plus de technologie pour gérer l'information et la communication, il est facile d'oublier un des meilleurs outils de motivation, tout simple mais en voie de disparition – courriels, textos, clavardages et autres transmissions de données étant en train de l'éclipser. Les éléments de cet outil sont sans doute sur votre bureau, là, maintenant : un stylo et une feuille de papier. N'oubliez jamais le pouvoir d'une note manuscrite. Une carte de remerciement, une note pour dire bravo peuvent avoir un immense impact.

Envoyez une courte missive écrite à la main pour souligner le bon travail de quelqu'un. Adressez une note à l'intention d'un collègue : « Marie, je tiens à vous indiquer tout le bien que je pense de la façon dont vous avez géré cette situation délicate avec la société ZYX. » Écrivez à votre patron (pourquoi pas ?) : « Merci de m'avoir aidé au cours de ce difficile moment.

J'apprécie beaucoup. » Rédigez un mot pour vos clients : « Je voulais que vous sachiez que nous sommes ravis de nous occuper de vos besoins en logistique. Nous ferons de notre mieux pour vous offrir le meilleur service. »

… et finalement, pour de vrai cette fois :

TRAVAILLER AVEC DES MALCOMMODES

**Je vous remercie d'avoir acheté ce livre.
Je souhaite ardemment qu'il vous soit utile !**

Roy Lilley

Notes

1 Bramson, Robert M. *Coping with Difficult People*, Garden City (N.Y.), Anchor Press/Doubleday, 1988.

2 *Ibid.*

3 *Ibid.*

4 Bramson, *op. cit.*

5 Lewis-Ford, Brenda Kay. « Management techniques: coping with difficult people », *Nursing Management*, vol. 24, no 3, mars 1993.

6 Bramson, *op. cit.*

7 Rosner, Bob. « Surviving sceptics, dealing with Doubting Thomas at work », *ABC News*, mars 2000.

8 Raffenstein, M. « Dealing with difficult people on the job », *Current Health*, 2, 26(5), janvier 2000.

9 Keyton, Joann. « Analyzing interaction patterns in dysfunctional teams », *Small Group Research*, vol. 30, no 4, août 1999.

10 Bramson, *op. cit.*

11 McRae, Brad. *Negociating and Influencing Skills: The Art of Creating and Claiming Value*, Thousand Oaks (Calif.), Sage Publications,1998.

12 *Op. cit.*

13 Bramson, *op. cit.*

14 *Nouveau Petit Robert 2008*, version électronique 3.1.

Pour aller plus loin

Axelrode, Alan et James Holtje. *201 Ways to Deal with Difficult People,* New York, McGraw-Hill, 1997, 150 pages.

Belding, Shaun. *Survivre au pire des collaborateurs,* Paris, L'Entreprise, 2007, 166 pages.

Belding, Shaun. *Survivre au pire des boss,* Paris, L'Entreprise, 2006, 152 pages.

Bramson, Robert M. *Coping with Difficult People,* Garden City (N.Y.), Anchor Press/Doubleday, 1988, 158 pages.

Drolet, Muriel et Marie-Josée Douville. *Comment gérer un employé difficile,* Montréal, Les Éditions Transcontinental, 2004, 200 pages.

Eisaguirre, Lynne. *Heille, arrête de m'écœurer,* Montréal, Les Éditions Transcontinental, 2010, 226 pages.

Keating, Charles J. *Dealing with Difficult People,* Ramsey (N.J.), Paulist Press, 1984, 212 pages.

Keyton, Joann. « Analyzing interaction patterns in dysfunctional teams », *Small Group Research,* vol. 30, no 4, août 1999.

Kottler, Jeffrey A . « Working with difficult group members », *The Journal for Specialists in Group Work,* vol. 19, no 1, mars 1994.

Labelle, Ghislaine. *Comment désamorcer les conflits au travail,* Montréal, Les Éditions Transcontinental, 2005, 176 pages.

Leibling, Mike. *Gérez les emmerdeurs,* Paris, L'Entreprise, 2007, 220 pages.

Leibling, Mike. *Travailler avec son pire ennemi,* Paris, L'Entreprise, 2010, 189 pages.

Lewis-Ford, Brenda Kay. « Management techniques : coping with difficult people », *Nursing Management,* vol. 24, n° 3, mars 1993.

McRae, Brad. *Negotiating and Influencing Skills: The Art of Creating and Claiming Value,* Thousand Oaks (Calif.), Sage, 1998.

Peters, Thomas J. and Waterman, Robert H. Jr. *In Search of Excellence,* New York, Harper and Row, 1982, 350 pages.

Petit Larousse illustré 2010, Paris, Éditions Larousse, 2009, p. 616.

Raffenstein, M. « Dealing with difficult people on the job », *Current Health,* **2**, 26(5), janvier 2000.

Rosner, Bob. « Surviving sceptics, dealing with Doubting Thomas at work », *ABC News,* mars 2000.

Strom-Gottfried, Kim. « The use of conflict resolution techniques in managed care disputes », *Social Work,* vol. 43, n° 5, 1998.

Faites-nous part
de vos commentaires

Assurer la qualité de nos publications
est notre préoccupation numéro un.

N'hésitez pas à nous faire part de
vos commentaires et suggestions
ou à nous signaler toute erreur
ou omission en nous écrivant à :

livre@transcontinental.ca

Merci !

Les Éditions
Transcontinental

100%

Imprimé sur Rolland Enviro110, contenant
100% de fibres recyclées postconsommation,
certifié Éco-Logo, Procédé sans chlore, FSC
Recyclé et fabriqué à partir d'énergie biogaz.